伝統の技キラリ！

暮らしを彩る和食器具

Japanese Kitchenware & Tableware

阿部悦子／矢吹紀人

食べもの通信社

はじめに

奥深いものづくりの世界

「食べものの安全を考えるなら、道具や食器も安全なものを使いたい。それも大量生産・大量廃棄の経済で激減している職人さんを応援し、地球環境に配慮できるものがいい」。こんな思いから2015年11月、月刊『食べもの通信』の連載「伝統の技キラリ！　和食器具」がスタートしました。

当初考えていたのは、店頭で買うだけではわからない職人技と作り手の思いを紹介すること。でも取材すると、ものづくりの世界はもっとずっと深いものでした。地球にこれ以上の負荷をかけず、自然の恵みを大切に使う。使う人にとっての安全を追求する。購入後も困ったことや疑問、修理の依頼などに応じ、最後まで責任をもつ。売って終わり、買って終わりの消費社会の住人である私は、取材のたびに職人が見ている大局的な世界、哲学のある生き方が全身に心地良くしみ込んでいくのが感じられました。

とくに印象深かったのは、職人のだれもが口にした「使った人に喜ばれることがなによりうれしい」ということば、ものづくりの原点です。そこにあるのは過剰な効率化、過剰な消費に置き去りにされてきた、人を笑顔にする喜びや誇りという人間らしい価値観、人間らしい豊かさです。

私たちの「幸せ」を照らす灯台に

いま、私たちは時代の岐路に立っています。たった10年の間に未曽有の大災害・東日本大震災と原発事故、新型コロナウイルス感染拡大で生活が一変し、愛する人を失ったり、当たりまえだった日常が奪われる経験をしました。この間、クジラや渡り鳥の体内から大量のマイクロプラスチックが見つかったというニュースも、大きく報じられました。人間社会が自然界に与えてきたダメージの大きさに愕然とし、なんとかしなければとの思いに駆られた人は少なくなかったのではないでしょうか。

猛スピードで進む環境汚染は私たちに、プラスチック製品に象徴される大量生産・大量廃棄の経済の早急な転換を迫っています。

国連のSDGs（持続可能な開発目標）を足掛かりに、国内でも若い世代が積極的に環境問題を考え、行動を起こし始めています。鍛造《たんぞう》作家の河原崎貴さん（62ページ）は、「メインターゲットはこれまで30〜50代の女性が中心でしたが、昨年ぐらいから20代の男性も目立つようになってきた」と語ります。生活や幸せのあり方を見直す人びと。人の手によって作られたものの美しさに共鳴し、環境のことも考え、捨てるストレスを捨てて、長く大切に使うという価値観への転換が起きているのです。

これらの流れは、本書に登場する職人の方がたが貫いてきたものづくりのありようと合流し、私たちの問い「幸せとはなにか」を照らす灯台になるのではないでしょうか。夜のとばりが下りるころ、家々に点々と明かりが灯るように、この流れが広がり、定着することを願わずにはいられません。

手に取った瞬間から心が弾む

古くさいと思われていたものが、時の流れを経て、手にしてみたい憧れになっています。面倒くさいと敬遠されていた手間暇が、かけてみると案外楽しく、自分をほめたくなることにも気づき始めました。そしてなによりも、各地の気候風土から生まれ、生活に根差して発展してきた和食器具は美しく、手に取った瞬間からそれらが自分の家の台所や食卓にある風景をイメージさせてくれます。それは心が弾む体験です。

本書が日本の職人の哲学ある生き方にふれるとともに、日常の暮らしにウキウキとした気持ちや、丁寧に生きている実感という彩りを添える一助になれれば、うれしいです。

阿部悦子

CONTENTS

台所道具

Japanese Kitchenware

食卓を彩る 食器類

Japanese Tableware

台所道具

Japanese Kitchenware

トントントン、グツグツ、ジャージャー、シャッシャッ、ゴリゴリ、台所ではいろいろな音がします。そして湯気や香りが立ちのぼり、おなかがぐぅと鳴る。実用性から生まれた美しさをもつ台所道具は、そんな日常の風景に不思議なほどに溶け込みます。そして、何気ない毎日の料理をランクアップしてくれるはずです。

食材のうま味を
じっくりと引き出す

ヘルシー蒸し鍋

三重県　伊賀焼窯元　長谷園

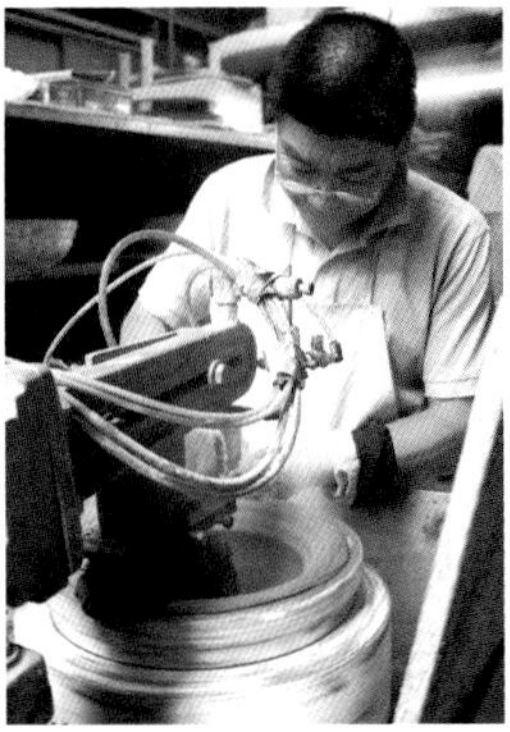
陶土を型に入れて成形。成形、削り、耳付け、釉薬の塗布、すべて職人の手で作られています。

世界でも珍しい古代湖の一つ、琵琶湖。400万年前にその湖底に堆積した土を利用して作られる土鍋があります。400万年前といえば、二足歩行をする猿人アウストラロピテクスがいた時代です。悠久の時がはぐくんだ硬く良質な粘土。その粘土に伝統の技と独創的なアイデアを加え、料理をランクアップさせる土鍋を作るのは、創業天保3（1832）年、約190年の歴史ある伊賀焼窯元 長谷園（三重県伊賀市）です。

3年の試行錯誤を経てたどり着いた逸品

手にしたヘルシー蒸し鍋は、粗土独特の風合いと重厚感があり、ざらりとした手触りが何とも心地いい。伊賀焼最大の特徴は、原料の土です。400万年前に生息していた生物や植物の化石を多く含む土は、窯の高温で焼くと有機物が燃え尽き、細かな気孔ができます。調理のさい、その気孔が蓄熱し、食材に熱を均一に伝えるのです。

長谷園の土鍋コーディネーター・竹村謙二さんは「この気孔は人工

的には作れません。作っても破裂して割れてしまう」と言い、続けます。「鍋の側面をあえて削っています。表に気孔が出てきて表面積が増えるので、火の当たりが柔らかくなり、遠赤外線効果も高まるんです」。

製造工程はまず土を練り、型に入れて成形します。次に同じ土を接着剤代わりにして「耳」といわれる取っ手を付け、乾燥させます。その後、素焼きして釉薬《ゆうやく》（うわぐすり）を塗り、１２００〜１３００度の窯で24時間本焼きし、24時間以上冷ましてできあがり。どの工程も難しく、熟練の技と勘が必要です。

ヘルシー蒸し鍋は陶製のすのこが食材を蒸すのに最適な穴の数や場所、角度などち密に計算されており、蒸し料理なら効率の良い蒸気が短時間で蒸しあげ、煮物なら火にかけたあと鍋が余熱でじっくりと食材のうま味を引き出してくれます。

さらに鍋料理も楽しめ、ご飯もおいしく炊きあがります。鍋はたっぷり水が入れられて、卓上に置いてもいすに座った人から食材が見える高さに。３年もの試行錯誤を経てたどり着いた逸品です。

伊賀焼窯元 長谷園

(東京店)東京都渋谷区恵比寿4-11-8 1F
03-3440-7071
http://www.igamono.co.jp

(10・12ページ)
●ヘルシー蒸し鍋　黒・白
大(3〜5人用) φ31×H20/3000ml/5.3kg/1万3200円
中(2〜4人用) φ27×H18/2000ml/3.5kg/1万1000円
本体、ふた、すのこは単品でも購入可。

ものづくりの基本は「作り手は真の使い手であれ」

七代目当主・長谷優磁さんの座右の銘は、「作り手は真の使い手であれ」。企画部を担う長女の櫻井章代さんは、「家庭では料理するお母さんは立ったり座ったりで、一緒に食卓を囲めないことが多い。だから、お母さんも座って家族みんなでおいしく食べられるというのが、七代目のものづくりの基本です」と語ります。

さまざまな料理で土鍋を楽しんでほしいと、ショップがある東京・恵比寿で2011年から始めた料理教室は、いまや予約がとれないほど人気です。塩麹肉団子や豆乳鍋、蒸し野菜マリネなど、レシピは長谷園のホームページでも公開されています。

使い始めはおかゆを十分に炊き込む目止め（水漏れ、ひび割れ、においい移りを防ぐための処理）をして、洗ったあとはよく乾燥を。急激な温度変化や空炊きは厳禁です（空焚き可能な蒸し鍋もあります）。「最近は若いお客様が増えています。『土鍋で作ると味がぜんぜん違う。おいしかった』と言われるのが、なによりうれしいです」（櫻井さん）。

■商品のサイズの単位はすべてcm、価格は税込みです。

わずか20分の加熱で
ふっくら炊ける

ご飯用土鍋

滋賀県

土鍋工房 六鍋《ろくなべ》

丁寧に削り、ご飯鍋の形に整える土鍋専門作家・岩田紘一さん

「炊飯器と違い、ふっくらとつやつやに炊けて、お米そのものの甘味、うま味が味わえる」と人気の土鍋。でも、使い始めには目止め（水漏れ防止）作業をしなければならず、火にかける前に乾燥が必要で、炊くときの火加減も難しそう――。そんないくつもの使用上のハードルをクリアした土鍋があります。岩田紘一さんが作る「六鍋」です。滋賀県東近江市の工房を訪ねました。

丈夫で扱いやすくお米のうま味を引き出す

岩田さんが8年勤めた窯元を退職し、完全に独立したのは2014年。6年目にしてすでに、ミシュランガイド掲載店などのプロの料理人から注文が相次ぐ、土鍋専門の作家です。

「注文の8、9割が飲食店です。料理人に実際に使ってもらい、濡れたままでも、1日に何度炊いても割れず、強い火力にも耐えられる土鍋を作っています。目止めは不要。急冷しても大丈夫です」

その他のラインナップ

強度を高めているのは、岩田さんが信楽《しがらき》とジンバブエの土を独自に配合し、熱膨張を低くした耐熱性の高い陶土。試験場で何度もテストし、質の高いベストな土を作りあげました。

土鍋は土を半年寝かせたあと、ろくろを使って一つひとつ丁寧に成形します。自作する釉薬《ゆうやく》（うわぐすり）を鍋とふた全体に施すことで、割れにくく、洗いやすくてカビが生えにくい仕上がりに。鍋底の厚みは12㎜、周囲は10㎜厚で均一に成形し、さらに、鍋の内側を丸く削ることで米がスムーズに対流し、熱がまんべんなく伝わる構造になっています。

「いろいろ試したけど、といだお米を水に浸して冷蔵庫に30分ほど置くと、よりおいしく炊けます」と岩田さん。

強火で10分。沸騰し、空気穴から湯気が吹き出したら弱火に。お米のいい香りが台所に漂いはじめます。10分後に火を止めて10分蒸らしてできあがりです。ふたは鍋の内側にしっかりと収まり、吹きこぼれはまったくありません。湯気の奥には、余熱でじっくり炊けたつややかなご飯粒。噛むと口中にお米のうま味が広がりました。

土鍋工房 六鍋

滋賀県東近江市宮川町244-426
📞 0748-26-7754
https://rokunabe.com

(14ページ)
●ご飯鍋　ツバなし・ツバあり
3合炊き φ22×H14／3.2kg／3万800円
5合炊き φ25×H15.5／3.8kg／4万1800円
(16ページ左から)鍋焼き鍋、片手鍋、ポトフ鍋。サイズや色、ほかのラインナップもあります。注文を受けてから作製するため、発送には1カ月ほどかかります。

こだわりはとにかくお客さんのニーズに応えること

「古くなったお米もおいしく炊けて、冷めてもおいしい。玄米は水を多めにしてください。炊き方は同じです。土鍋は常に空気を吸っているので、布巾をかければおひつとしても使えます」

岩田さん自身、炊き込みご飯やシチュー、プリンなど、さまざまな料理で土鍋ライフを楽しんでいます。「味やにおいは鍋に移りますが、重曹や茶殻と水を入れて沸騰させれば消えます。空焚きは厳禁です。お米を炊くほど自然に目止めができるので、鍋の強度が増します」。

シンプルなデザインは飲食店のプロの意見を取り入れ、作りあげました。ものづくりが好きで、「どんな難題を言われても、絶対に納得いくものを作ったろと思います」という岩田さん。料理人たちから出される鍋の深さや大きさへのミリ単位の注文や、ガスコンロカバーなど突飛な注文にも、土の収縮などをち密に計算し、全力で応えます。

「いいお客さんと出会い、育ててもらっています。だからとにかくお客さんのニーズに応える。それがこだわりです」

蒸し料理やおこわを
手軽においしく

和せいろ

埼玉県　麻彦商店

専用の道具「櫂《かい》ばさみ」でせいろの枠を固定し、ヤマザクラの皮で留め縫いする矢島清さん

赤飯やおこわ、茶碗蒸し、シューマイ、まんじゅうなど、蒸し料理に使う「せいろ」。蒸気の力を使う食器具で、そのままテーブルに並べれば食卓を華やかに演出します。

職人が丹精を込めて作るせいろは、料理の仕上がりのおいしさはもちろん、30年、40年と長く使えるのも魅力です。小江戸とよばれ、江戸の町並みをいまに残す人気の観光スポット、埼玉県川越市。この地で１００年以上、せいろやふるいなどの曲げものを作り続ける麻彦《あさひこ》商店の三代目・矢島清さんを訪ねました。

栄養やうま味を逃がさない 冷や飯も炊きたてのように

せいろには「中華せいろ」と「和せいろ」があります。中華せいろは底が浅く、ふたは薄い竹を編んだもの。強火では蒸気が逃げるため、中火以下で作るシューマイや茶碗蒸しなどに用います。

いっぽう、矢島さんが作るのは和せいろです。和せいろは深さがあり、底に竹のすだれを敷いて、木のふたをします。湯を沸かした鍋に食材を

入れたせいろをのせると、木のふたが熱い蒸気を閉じ込め、一気に蒸すことができます。餅つき用のもち米や赤飯、おこわなど強火で蒸《ふ》かす料理に最適です。

「和せいろがあれば、中華せいろの代用もできて便利です。私は冷や飯を温めるのもせいろです。蒸し布など使わず、ご飯を直《じか》に入れます。電子レンジや炊飯器で温めるのとは違い、炊きたてのようにふっくらとつやつやして、おいしくなりますよ」（矢島さん）

さらに、和せいろは木が余分な蒸気を吸うので蒸し野菜も水っぽくならず、ホクホクに。茶碗蒸しやプリンも滑らかにおいしく作ることができます。最近は魚や肉の蒸し料理も、せいろを使えば栄養やうま味が逃げず、骨が身からはがれやすい、余計な油が落ちてヘルシーなどと人気です。

腐りにくい吉野ヒノキを使用
「使うほど長持ちします」

矢島さんのせいろ作りにかける熱意は、並大抵のものではありませ

麻彦商店

埼玉県川越市連雀町9-2
📞 049-222-0651 FAX 049-226-5301
（水曜定休）
http://www7.plala.or.jp/kawagoe-asahiko/

（18・20ページ）
●おふくろせいろ鍋付き約2合用／6000円
●せいろのみ 約1升５合用／1万1000円
厚板木ぶた 2600円
打ち出し鍋 6600円
セットで2万200円
そのほかのサイズやお釜で使うせいろもあります。
細かいご要望もお気軽にご相談ください。

ん。30年ほど前から、木を切る職人や材料の板を加工する職人が高齢で引退するたびに、職人探しに奔走してきました。

せいろの材料は油分があり、粘り強く、腐りにくい吉野ヒノキ（奈良県）。節やヤニがない上質なものを、厳しい目で選別します。枠を留めるのは、収縮性に優れた吉野の山桜の皮。これもとる職人がひとり、またひとりとリタイアし、尺（長さ）が足りない皮も大事に保存するほど貴重なものに。そのため、一部は耐熱温度１４０度の合成樹脂で代用しています。

まんじゅうを蒸したいという客の要望には、和せいろのなかに枠を作り、２段に細工。客の注文にとことん応える矢島さんの職人気質も魅力です。

「和せいろは使うほど長持ちします。しまい込まずに使ってほしい。最初に使うときはせいろとふたを1時間ほど水に浸け、木に水分を吸わせること。使用後は水洗いして日陰で乾燥させ、そのまま置くか新聞紙にくるみます。初めて使う人には、川越流赤飯やおこわの作り方もお教えします。ぜひ挑戦を」

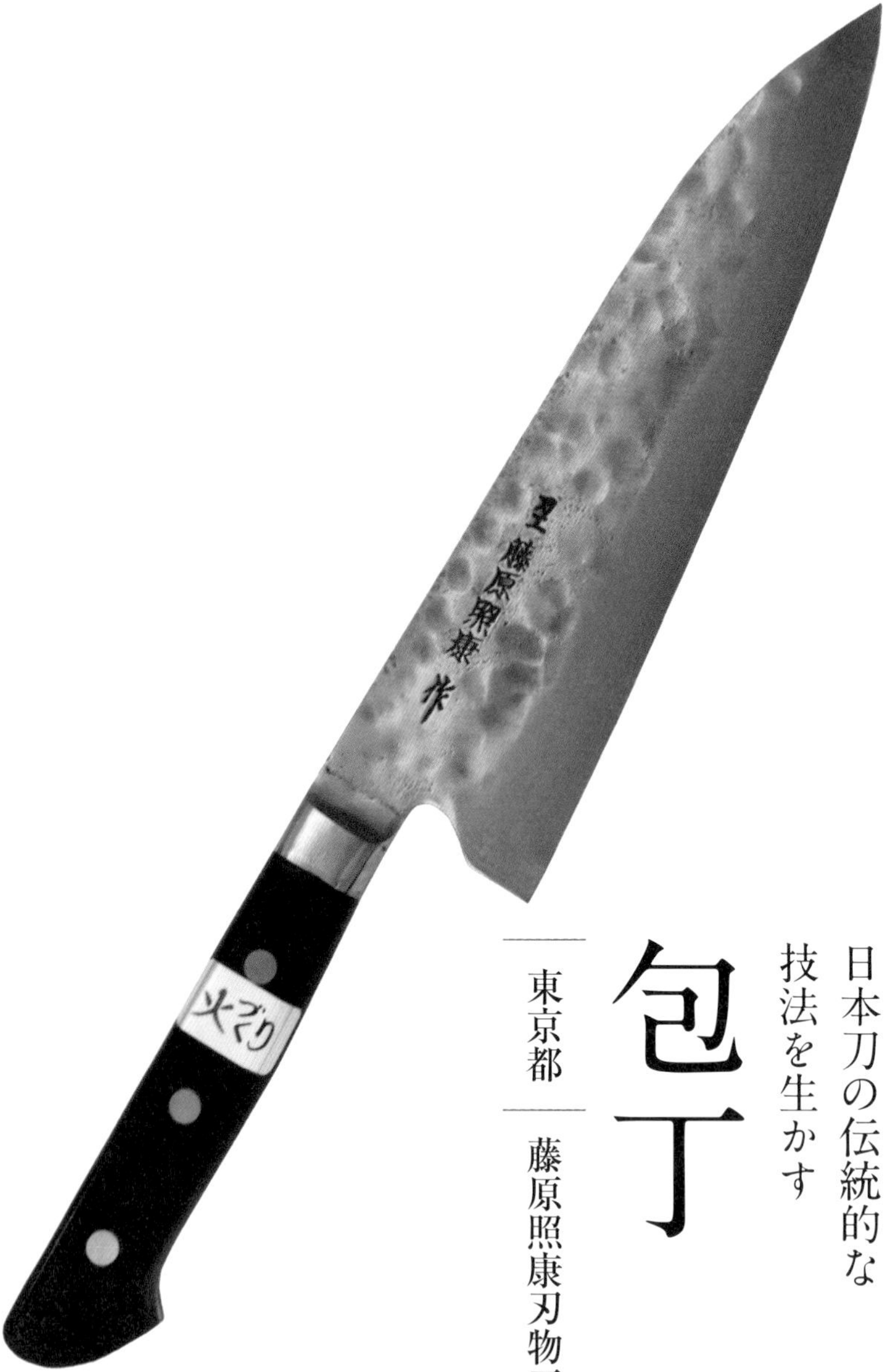

日本刀の伝統的な技法を生かす 包丁

東京都 藤原照康刃物工芸

包丁は調理に欠かせない道具です。現在の主流はさびないステンレス製ですが、刃が食材の上を滑って危ないことや食材の細胞を潰してしまうなどの欠点があります。いっぽう、鋼《はがね》の包丁はよく切れますが、さびやすいのが難点。そこで、鋼とステンレスそれぞれの長所を融合させ、新しい包丁を編み出したのが鍛冶《かじ》職人四代目・藤原照康さん。「使用する人に喜んでもらえる包丁」を考え続けた結果、たどり着いた逸品です。

高温の中で焼き入れ作業一つひとつ心を込めて

鍛冶場（茨城県桜川市）は田畑の中にありました。一面に広がる緑葉が日光を浴びて風にそよぐのどかな風景です。が、鍛冶場は別世界。中は遮光シートで覆われ真っ暗。炉や高速度鋼《こうそくどこう》（包丁の形に成形する機械）など作業をする場所に、裸電球が一つずつ置かれています。包丁のわずかなゆがみも見逃さないように、裸電球の光に当てながら作業するのです。

包丁作りは鍛接《たんせつ》、鍛造《たんぞう》、裁ち、成形、火造り、焼きなまし、泥塗り、研ぎなど35の工程があります。藤原さんの場合、すべてが手作業。形を整えたあとにおこなう焼き入れを見せてもらいました。

刃のかたさと粘り、切れ味を出すために熟練の技と集中力、スピードが要求されるもっとも重要な工程です。炉に火を入れると、鍛冶場の体感温度は40度以上に。立っているだけで汗が吹き出します。

炎が燃え盛る炉の中に包丁を入れ、炎と同じ色になったら取り出し、ハンマーでたたきます。包丁の温度は700度から800度。取り出すと急速に冷め、橙《だいだい》色からまだらな橙になり、赤、えんじ、黒へと色が変わります。この火色の変化で温度がわかるのです。

炉で使うのは松炭《まつずみ》。これは「藤原刃物」が創業（明治3年）以来、日本刀を作ってきた伝統に由来します。「松炭の火は日本刀の焼き入れに最適な温度になるので、良い包丁作りに欠かせません」。

試行錯誤のすえ、「いつまでも使い続けたい切れ味」を実現

「すっと吸い込まれるような切れ味で、素材を生かすのが私の包丁。タマネギ

微妙な火色を見極め、焼き入れ作業をする藤原照康さん

を切っても涙が出ないし、トマトも潰れません」

藤原さんの包丁は、日本刀と同じ波紋が特徴です。ずしりとした重みが手元に安定感を生み、力をかけずにすっと切ることができます。手打ちしたハンマーの跡で凹凸ができるため、切った野菜が包丁の側面から自然にはがれ、食材が包丁にくっつくわずらわしさもありません。

包丁の手入れは使用後に熱湯をかけて、からぶきするだけ。この扱いやすさを実現したのが、鋼をステンレスでサンドイッチした三重構造です。側面はステンレスでさびず、最高級の出羽鋼《いずはこう》を使う刃先は「いつまでも使い続けたい切れ味」と、国内外で愛用者が増えています。

しかし、この三重構造の実現にたどり着くまでは失敗の連続でした。「鋼とステンレスは水と油のように相性が悪い。何回焼き入れても次の日には全部はがれていました。焼き入れ前の27、28の工程全部がオシャカ（無）になりますから、投げだしたくなったこともありました」。

それでも諦めず試行錯誤を繰り返したすえ、鉄粉を鋼に付けて皮膜を作り、ハンマーで打って接合する製法にたどり着きます。さらに数年かけて鉄粉の配合を何度も調整し、苦節10年、世界のどこにもないオリジナルの包丁が誕生しました。

親の愛情を感じるおいしいごはん それを作る大事な道具

藤原さんは店頭販売のさい、消費者に切れ味を確かめてもらいます。80代の女性に「初めて良い包丁に出合った」と言われたことや、購入した女性が「お嫁に行く娘に同じ包丁を持たせたい」と再訪したときは、「最高にうれしかった」と振り返ります。

「人を喜ばせたい」との思いは生き方にも貫かれています。東日本大震災で甚大な被害にあった岩手県陸前高田市を、2017年5月に訪問。4日間で仮設住宅6カ所を回り、約1500人が持ち寄った包丁を、無償で研ぎ続けました。「先が不安な生活を思うと、ただただ喜んでもらい、笑顔が見たかった。無償の労働は心地いい疲れがありました」。

小学校で子どもたちに切り出し（片刃の刃物）を持たせて箸を作る授業をと、休日に車を走らせ自ら竹を採取、製材することも。「刃物がなければ、何も作れません。『お母さん、お父さんが君たちのためにおいしいごはんを作る。包丁はそのごはんを作る大事な道具』と話しています」。

全国から寄せられる研ぎ直しの依頼にも応えます。「地球のことを考えると、

藤原照康刃物工芸

東京都目黒区碑文谷1-20-2
03-3712-8646　03-3712-8377

(22ページ)
●幻の名刀 牛刀 W19.5／2万7500円
(27ページ上から)
●伝家の宝刀 三徳包丁 W18／5万600円
●幻の名刀 柳刃包丁 W24／5万2800円
●伝家の宝刀 出刃包丁 W16.5／10万4500円
●梨地 菜切り包丁 W15／1万4300円
ペティナイフなどもあります。

もうごみを出してはいけない。安かろう、悪かろうで使い捨てるのではなく、良い包丁を長く使ってほしい。自分で作った包丁は一生面倒みます」。包丁作りのプロは、広い視野の持ち主でもありました。

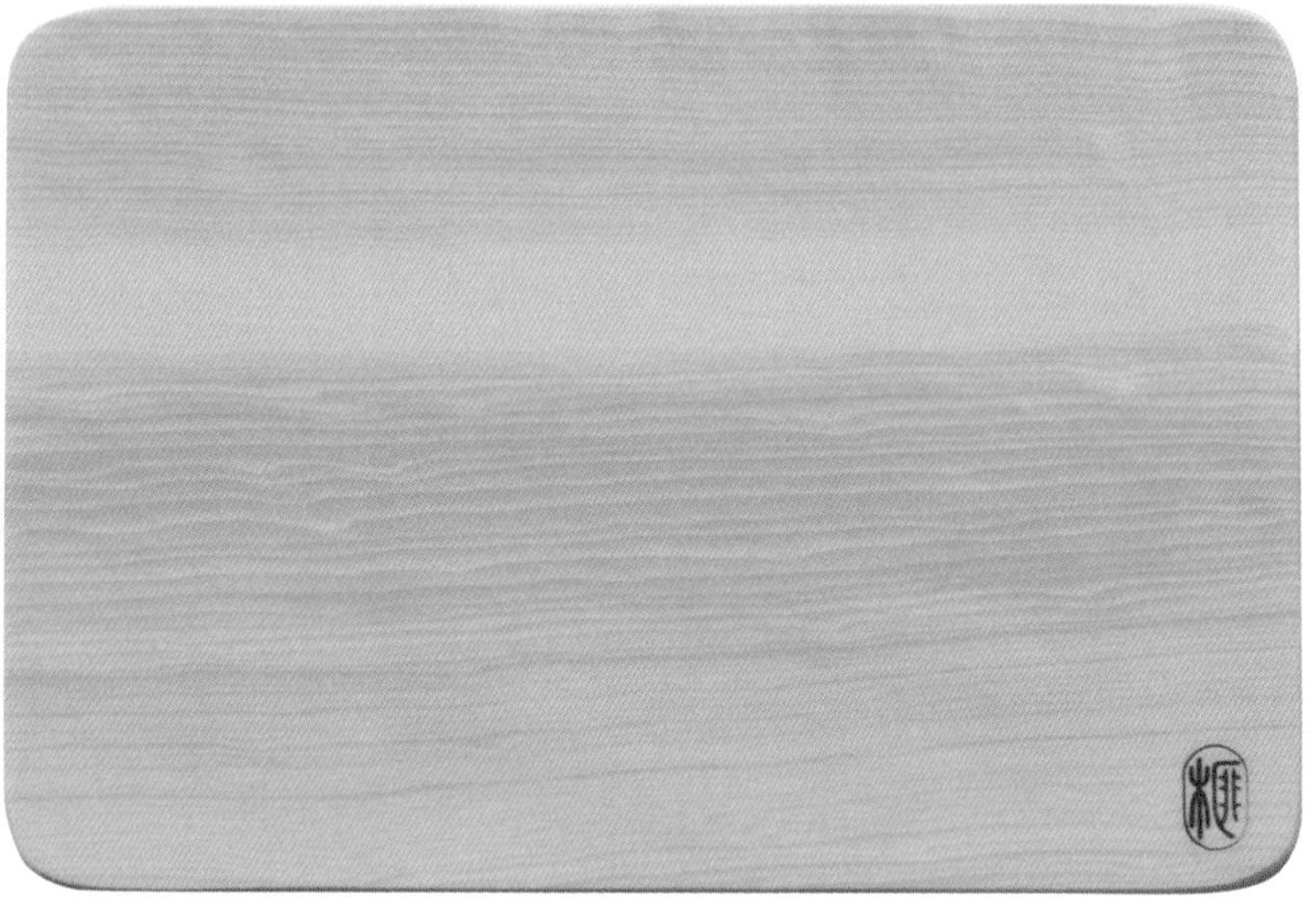

子どもたちに聞かせたい
包丁の当たる音

本《ほん》榧《かや》のまな板

高知県　榧工房　かやの森

「榧のまな板、使うて。
一生懸命作るきぃ」と
笑顔で語る前川穎司さん

トントントントン。包丁の当たる音が柔らかい榧《かや》のまな板。「生まれてくる子どもたちに聞かせたい音」と評されています。

イチイ科常緑高木の榧木《かやのき》は、大きく育つのに３００年以上かかるため、希少価値が高く、ほとんど流通していません。そんななか、高知市で１１２年の歴史ある種苗会社を営む前川穎司《えいじ》会長は、榧に魅せられて30年前から種をまき、育てた苗30万本以上を植樹しています。「榧の魅力を後世に伝えたい」。壮大な思いも込められたまな板です。

速乾性、抗菌性に優れ 食材を切る手が疲れない

榧を使ったまな板作りは、囲碁好きの前川さんが、碁盤と将棋盤の最高級品である榧木を収集し始めたのがきっかけ。碁盤を作り始めた前川さんはそのさいに出る端材も利用しようと、まな板を製作したのです。

前川さんは、「榧は木の中で一番きれい」と言います。気品を感じ

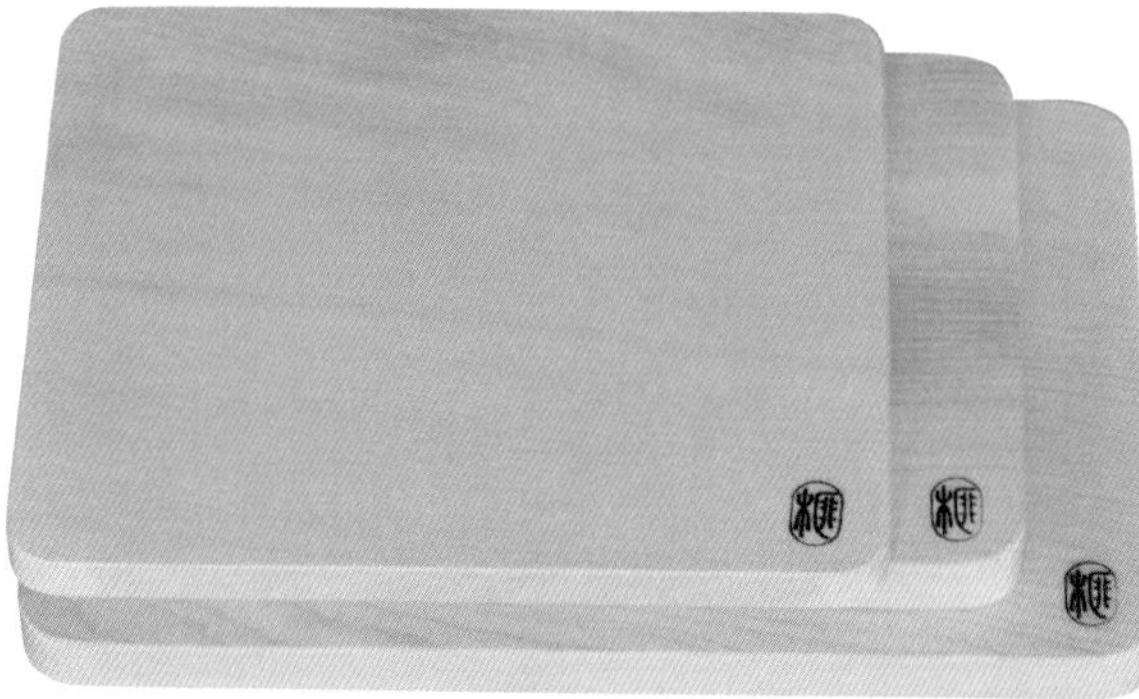

させるつややかなきはだ色。きめが細かく、すべすべとした滑らかな肌触りです。
妻で同社専務取締役兼販売店「かやの森」の店長・美智子さんも、榧の魅力については雄弁です。「榧の速乾性はナンバーワン。抗菌性が高く水に強いので清潔で、黒カビが出にくいんです。そのうえ弾力があり、食材を切る手が疲れず、包丁の刃も傷めません。一度使えば、ほかのまな板には戻れません。なにより包丁を当てたときの心地いいサウンドを、楽しんでほしい。ぜひ使ってみてください」。
同社社員の橋田直之さんが、製作工程を説明してくれました。「10年、20年乾燥させた原木を使っています。細かい割れや節を避けて十分な大きさで切り出しても、カンナをかけるときに木の中の割れや節が見つかり、小さなまな板しかできないことも少なくありません」。
榧のまな板は、ほのかにシナモンに似た香りがします。趣味の釣りで釣った魚をおろすなど3枚のまな板を愛用しているという橋田さん。使用上の留意点を聞きました。「水に濡らしてから使い、使用後は裏や側面も水洗いして、軽く水気をきり、立てかけておけばすぐに乾きます。熱湯をかけたり、乾燥機には入れないでください。汚れが

榧工房 かやの森
高知市相生町6-3
088-880-5188　FAX 088-883-5208
https://www.kayanomori.com

（28・30ページ）
●本榧まな板 角丸（厚さ2㎝）
大 W35×D24／7810円
中 W30×D21／6050円
小 W25×D18／4510円
角が丸くないもの、厚さ3㎝のもの、業務用サイズもあります。オーダーメイドも可。削り直しの送料は実費です。

気になってきたら、メラニンのスポンジかサンドペーパーをかけてください。年輪が詰まっているからささくれません。それでも落ちない汚れは、無料で削り直しします。新品のようになりますよ」。

人間を助けるといわれる木
実は油やせっけん、香水にも

前川さんは育てた榧の苗を四国山脈に植樹。春から夏には周辺の草を刈り、日光に当てます。秋に収穫する実からは食用油やせっけん、柑橘系の香りがさわやかな香水などが作られます。

「榧に惚れちゅう」と、にっこり笑う前川さん。「榧は『木に非《あら》ず』といわれるように、1000年も1万年も生きるうえに、さまざまに活用できます。榧の葉は水に浸けると殺菌作用が働き、水をきれいにする。『木の中で一番人間を助けるのは榧』と言った弘法大師（空海）のように、私もそう思い込んでいます」。

天然本榧の温もりや音、香りの向こうに、湯気を立てて、おいしいごはんができあがる光景が目に浮かびました。

余熱でふわっとジューシーに

銅製の玉子焼鍋

東京都

中村銅器製作所

すずを焼き付ける中村恵一さん。「うちの鍋を使ったお客さんが、『いままでの鍋とぜんぜん違う』と喜んでくれることがうれしいです」

毎日のお弁当や朝食に出番の多い厚焼き玉子。きめ細かくふわっとジューシーに仕上げたいものです。東京都足立区の中村銅器製作所は全国の寿司職人や一流料亭の料理人たちに愛用される銅製の「玉子焼鍋」を製作し、家庭用の鍋も人気です。職人歴42年の三代目・中村恵一さんを訪ねると、笑顔で迎えてくれました。

玉子焼きを作る楽しさ感じて腕を磨きたくなる

「玉子焼き用の鍋には銅が一番」。そう語る中村さんの玉子焼鍋は、保温性を高めるために銅の厚さが1.5㎜と厚めで、重厚感があります。玉子をふっくら仕上げるために鍋の余熱を考えた絶妙な厚みで、中村さんは「これ以上厚みがあっても良くない」と言います。

「半熟で巻いていくと、余熱できれいに成形できる」とのアドバイスをもらい、早速、自宅で挑戦。1回目よりも2回目、2回目よりも3回目、油が鍋になじむほどふっくらとしたつやのある玉子焼きが巻

けて、楽しくなります。均一に熱が広がり、短時間で焼けるのも銅鍋の特長。味もまろやかに仕上がります。テフロンやフッ素加工の鍋で使ううちに感じる焦げ付きのストレスは、まったくありません。

玉子焼鍋の製作工程はまず、四隅をカットした銅板を折り曲げて、箱状に溶接。オリジナルの銅柄を取り付けたら、鍋の内側にすずを焼き付けます。

「すずは鍋の保温性を高め、緑青《ろくしょう》（銅の酸化で出るさび）を防止する効果があります。焼き付けるとメッキと比べてはがれにくくなり、鍋の油なじみも良くなります」

均一に滑らかに焼き付けるのが、職人技の見せどころ。焼き付け作業を見せてもらいました。

一瞬に詰め込まれた熟練の技
使うほど焦げない鍋に

鍋を２３０度まで熱してから、棒状のすずを鍋の内側にのせます。すずは一瞬でサラサラの液体に。鍋を素早く動かしてすずを回し、純綿でなで付けて均一に伸ばしたら、最後に小さな刷毛で焼けた綿を取り除きます。すずを鍋に入れてから2分20秒。一瞬の勝負です。

中村さんの玉子焼鍋のもう一つの特長は、柄の角度が高いこと。「鍋を持ち上げた状態で玉子を返しやすくしています。熱伝導率がいいので調理時は中火以下にし、玉子を落としたらときどき鍋を持ち上げて、熱を調節します」

お弁当のおかずにもう一品、野菜炒めもサッとできます。使用上の注意点は、食材を入れっぱなしにしないこと。木柄は熱によって緩みますが、柄を金づちで打ち込めば固定できます。調理後は洗剤を使わず水洗いか、キッチンペーパーでくずを取り除き、薄く油をひいておきます。また、外側の銅はたわしや洗剤で洗うことができますが、使うほどに黒くなるのは油がなじむ過程、鍋に玉子がくっつきにくくなっていく過程です。

「すずは焼き付け直しができますが、家庭で使う程度なら、あまりはがれることはないと思います。一生使えて、使うほど焦げなくなる銅鍋を、ぜひ試してください」

中村銅器製作所

東京都足立区梅田3-19-15
03-3848-0011 03-3848-0345
http://nakamuradouki.com
Mail:dou@cap.ocn.ne.jp

(32ページ)
●玉子焼鍋 家庭用角長型
W12×D16/7992円、W13×D18/8640円
(34ページ)
●同 家庭用角型
W15×D15/7992円、W18×D18/8748円
行平鍋や親子鍋などもあります。

サクラとクリの木べら

長野県　大久保公太郎

材料はサクラとクリの木。塗装はせず、南京カンナ（両手持ち用の曲線形に削るカンナ）の削りだけで仕上げた木べらです。

サクラはほんのり赤味がかった温かい色味で、滑らかな肌触り。クリはかすかに黄味をおびた薄いベージュ色で、生木の質感とまっすぐな木目が特徴です。持つとどちらも軽く、指に自然に沿う丸みが、繊細な手仕事を感じさせます。

作者の若き職人・大久保公太郎さんを、長野県松本市の工房に訪ねました。

使用時にゆがみやずれが出ない理想的な加工を

工房「大久保ハウス木工舎」は市の中心部から車で約20分、美しい棚田の風景を抜けた先、標高850mの集落にありました。南西向きの大きなガラス戸から、麓《ふもと》の街と南アルプスが一望できます。大久保さんはここで、日の出前の暗いうちから夜8時ごろまで毎日、木を削り続けています。

「木は同じ種類でも個体差が大きく、部位によっても違いがあります。手で触ったりひねったり、削るときの音を聞き分けて、厚みや形状を少しずつ調整しています」

大久保さんの木べら作りは、製材された板状の木に型紙を当てて墨付け（大まかなへらの形をマジックで引く）をし、電動のこぎりで切り出したら、水に浸けます。そのあと何本もある自作の南京カンナを細かく使い分けて削り出し、乾燥させ、再びカンナで反りや狂いを調整し、仕上げます。

「濡らしてから削るのは、江戸時代の木地師（木工品を加工する職人）がやっていた手法です。使うときにゆがみやずれが出ない、理想的な加工手段だと考えています」

使う人が主体のものづくり 作るほど形は無限に増える

木本来の強さをへらに生かすには、年輪の方向を見極める経験と感覚が重要です。年輪の向きと同じならきい目で削るときれいな断面に。逆目ではうまく削れません。

「この見極めの難しさを回避して紙やすりで磨くと、水を吸ったとき細かい

自前の南京カンナでサクラの木べらを製作する大久保公太郎さん。木くずは再利用し、ごみは出しません

毛羽《けば》がもわっと立ち、ざらざらしたりカビて黒ずむ原因になります。南京カンナですべての面をならい目で仕上げると、毛羽立ちは起きません」

木べらは一本一本削る手仕事が向いていると確信を深める大久保さん。大切にしているキーワードは「あつらえ仕事」です。

「できあい（既製品）」に対してあつらえ仕事のものづくりは「欲《ほっ》する人、使いたい人が主体。使っている人のことばが一番正しい」と言います。

工房とキッチンでは木べらを握る感覚に誤差が出るため、削っては工房の向かいにある自宅のキッチンで握り、大きさや厚みを確認。使い手の求めに応えるためのたゆまぬ努力から、手の小さい女性に合わせた細身型や、フライパンの中で肉などをほぐせるように先端に13㎜ほどの面をとるなど、進化形を生み出してきました。「課題は尽きず、作るほど形が無限に増えていく。木べら作りはおもしろいです」。

小回りが利き、返しやすい
手に取り一番しっくりくる一本を

木べらマニアを自称する料理家・金子健一さんは、大久保さんの木べらを数年前から愛用しています。

「これまで出合った多くの木べらとは、フォルム（形）がぜんぜん違う。ぴたぴたっと手のひらに吸い付く感覚に、これはすごいと思いました」

大久保さんは金子さんの義母が40年使った木べらをトレースし、へら側面のカーブをより丸くした形の「金子型木べら」も製作。金子さんが営む食堂「アルプスごはん」（松本市内）で販売しています。

「大久保君の尊い手仕事を、多くの人に感じてもらいたい。軽くて小回りが利くし、返しやすいので、長時間炒めていても手首が疲れません。クリの木べらは面を少しくぼませているので、チャーハンや炒めものをそのまますくって器に盛れるのもいい」

金子さんが長く愛用する大久保さんの木べらは、鍋に当たる部分がサクラは赤味のあるこげ茶に、クリは黒に近いこげ茶になっていました。どちらもしっとり滑らかな肌触りですが、目の詰まったサクラは油分を吸いやすいぶん、若干の重みを感じました。

金子さんいわく、「初めて使うときは色が染み込まないように、カレーなど色の濃い料理は避けます。使う前に水で濡らすと油の染みが少なくなります。使ったらたわしでさっと水洗いして拭き、風通しのいい場所に立てるのも長く使う

Gallery sen ギャラリーセン

長野県松本市中山6573
Mail：1000.gallerysen@gmail.com

（36ページ、左2本がサクラ、右2本がクリ）
●フライパン用木べら W30×D8／3550円
左利き用もあります。
（41ページ左から）
●深鍋用木べら2本、しゃもじ／3230円〜
お玉やサラダサーバー、スプーン、カッティングボードなども。

ためのコツですね」。

木べらの日常ユーザーとして試しては感想を伝え、二人三脚で製作してきた大久保さんの妻・修子さんは、2015年に開設した「Gallery sen《ギャラリーセン》」に大久保作品を並べ、その魅力を発信しています。

「太さや持ったときの感じが一本一本違います。実際に手にして、一番しっくりくる一本を選んでいただきたいですね」

スズ竹ザル

水切れ抜群
極細の竹皮で編んだ

山梨県

富士河口湖町勝山
スズ竹伝統工芸センター

一本一本へご（竹を細く割って削ったもの＝へぎ、ひご）を丁寧に編み込む在原建男さん

スズ竹ザルは旧・勝山村（現・山梨県富士河口湖町勝山）で、約４００年前から作られてきた伝統工芸品です。富士山の２合日付近（標高約１３００ｍ）に自生する、きめが細かくて質のいいスズ竹（直径0.5〜１㎝程度、長さ２ｍ弱）を使用。幅約0.5〜1.5㎜と極細の竹皮でち密に編まれたザルは、水切れが良く、長持ちするのが特長です。滑らかな手触りや見た目の美しさ、防虫剤などを使わない安全性も人気の理由です。

お米をとげば「普通米が高級米に」

雄大な富士山を眼前に望むスズ竹伝統工芸センター。前身は、ザル作りの伝統を継承しようと、１９７９年４月に開校した勝山村甲州郡内ザル学校です。畳部屋で８人ほどが等間隔に敷いたござに座り、黙々とザルを製作していました。

「お米をとぐと、うまいでよ（おいしいよ）。普通の米が高級米になっちゃう」。誇らしげに語るのは小佐野勝重さん。勝山のザルは四

角形から円形に切り替える部分だけ、表皮を裏返して編み込みます。このため目が詰まっていても水切れは抜群。米をとぐさい、ぬかのにおいや雑味がつきにくいうえに、竹が柔らかいのでお米も割れにくく、おいしく炊きあがります。
ゆでた枝豆や野菜の水切りのほか、焼きたてのパンをのせても蒸気がこもらず、重宝します。また、同センター代表の在原建男さんは「ソバやうどんをのせるのにも適しているので、全国のソバ屋から注文がきます」と言います。
使用後はよく乾燥させること。縁に水が溜まりやすいので逆さにして、日陰干しにするのがベストです。緑がかった淡い黄色は使い込むほど深い褐色に変わるので、使い続けることで風合いの変化も楽しめます。

丈夫できれいに作る工夫尽きず その奥深さがやりがいに

スズ竹ザル作りは、山で採集したスズ竹を4等分、6等分に割り、

富士河口湖町勝山
スズ竹伝統工芸センター

山梨県富士河口湖町勝山4029-5
📞 070-4112-9831 FAX 0555-20-9009

（42・44ページ）
●すず竹ザル 中皿 φ25×H3／2000円～
六手皿、小ザル、米とぎ用のザルなども。手作りのため、サイズ、形は一つずつ違います。詳しくはお問い合わせください。

専用の包丁で引いて皮だけにしたあと、鉄板に開けた穴に１本ずつ通して太さをそろえます。それを３本と４本にそろえて、縦と横に編むあじろ編み、斜めにずらして円形を作るもじり編み、底の外周から側面部分のよこ編みをおこない、縁を新竹（１年もの）で巻いて仕上げます。形状は現代の生活様式に合うように、深さのあるボウル型や平らなものなどさまざまです。

標高の高い旧勝山村では、降雪で農作業ができない冬の内職として、かつてはほとんどの家でスズ竹のザルや籠《かご》が作られていました。

在原さんは「昔は分業でしたが、いまは伝統を途切れさせないように、材料採りからすべて１人でおこないます。一般家庭なら50年、60年経っても使えます」と、胸を張ります。「１日作業しても１５００円、２０００円の世界ですが、お客さんが自分のザルを買ってくれたとき、張り合いを感じます」。

この道20年の倉沢敏一《としいち》さんも、「へご（＝へぎ、ひご）の幅や柔らかさ、つなぎ方、正円形に近づける編み方など、上手になるほど、丈夫できれいに作る工夫を考える。ザル作りは奥深いです」とやりがいを語ります。

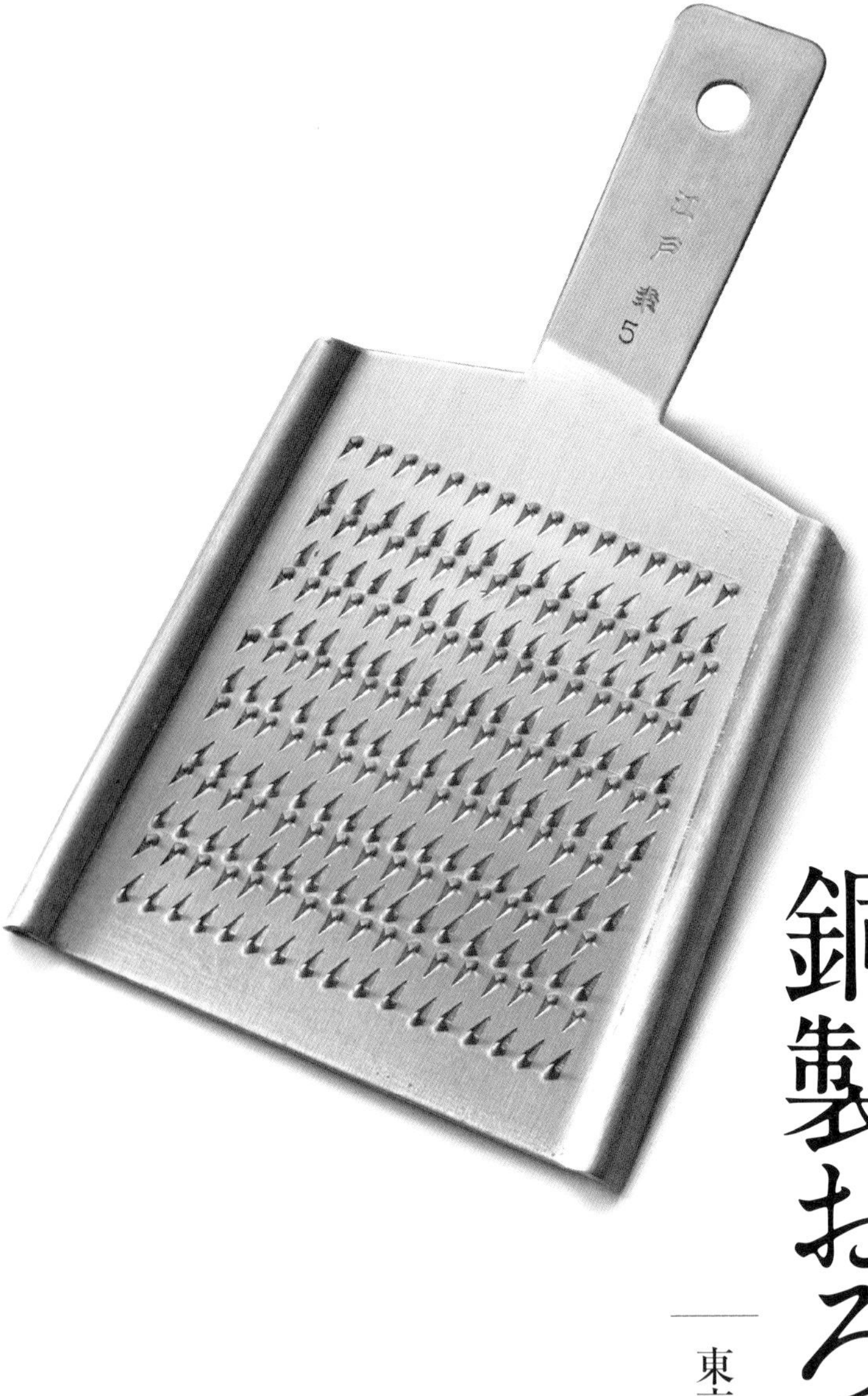

水分が出ず
ふわっとした大根おろしに

銅製おろし金

東京都
江戸幸《えどこう》

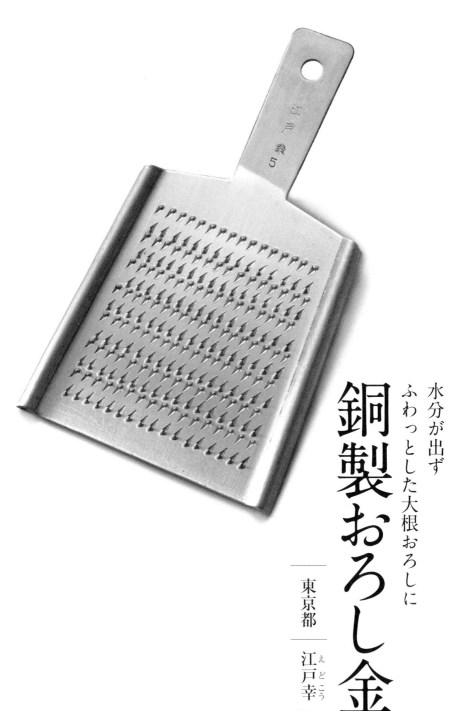

おろし金に目立てする勅使川原隆さん。すずの銀色をした銅板に、みるみるうちに目が立ち並び、光を帯びた銅の赤色が映えます

銅製のおろし金《がね》は羽子板状で、表裏に「目」といわれる刃が立つ形が、江戸時代から変わりません。現在は機械で作られるものが多く、全工程を一人でできる職人はほんのわずか。その一人、「江戸幸《えどこう》」二代目で職人歴60年超の勅使川原《てしがわら》隆さんを、東京都葛飾区の工房に訪ねました。

潰さず切っておろすから 水分、栄養成分、うま味がそのまま

勅使川原さんのおろし金は目が1.2㎜ほどと高く、目の立つ方向をわざと微妙にずらしています。これはおろした食材の目詰まりを防ぐため。目と目の間隔を広めにとるのは、おろすときの抵抗を小さくするため。使い勝手の良さを研究し尽くし、熟練の繊細な技を生かした工夫です。

「目の角度は40度ぐらい」と勅使川原さん。食材の細胞を潰してしまうセラミックやプラスチック、アルミ製と違い、切れ味が鋭く、栄養成分やうま味を逃さないため、真っ白で辛味が少なく、ふわっとし

た大根おろしができます。「すっと切れるので手早く、軽くおろせますよ。大根の水分があまり出ないので、おろしたあとつまんで皿に移せます。しゃりっとした食感があり、味も違います」。
使用する銅板は、手作業だからできる最も硬い純銅。厚みもあり、丈夫です。銅板から切り出したおろし金は、すずを焼き付けたあとたがねを打ち込み、上下に目立てていきます。
使うたがねは120本以上。たがねの刃は勅使川原さんの手に合う角度を出すためすべて自作し、少しでも刃先が傷むと取り替えます。集中力と細やかな神経を要する作業です。
おろし金の裏面は、ショウガやニンニク、ワサビなど細かくおろす食材用に、小さな目が一つひとつ立てられています。

一般家庭なら一生もの
サビに強く特別な手入れは不要

「最近は40代、50代のお客さんも増えています。お客さんに喜ばれるのは職人冥利。気合いを入れて丁寧に作っています。手で作るなら

江戸幸

東京都葛飾区小菅1-28-8
☎&FAX 03-3602-1418

(46ページ)
●おろし金 両面目立て 5号(一般的な家庭用サイズ) W21(柄を含む)×D12.5/320g/8250円
●同 6号 W20(同)×D12/290g/7700円
卓上用や大きいサイズもあります。ご注文はなるべくFAXでお願いします。

人に負けないという気持ちがある。でも、60年やっても腕が良かった親父は超えられないね。もっといい刃が立たないかと、いつも思っています」

銅板自体が高価なため、銅製のおろし金は高値です。でも、プロの料理人が毎日使っても30年以上もち、家庭なら生涯使える勅使川原さんのおろし金なら、それ以上の値打ちが実感できるはず。

修理は洗浄してから丁寧に目を潰し、さらに洗浄して新しく目を立てて、新品同様によみがえらせます。料理人が使っていたという年季とサビの入ったおろし金も、数カ月後には見違えるほどきれいに生まれ変わらせました。ただし、機械で作ったおろし金などは銅板が薄く、目の間隔が狭いので目立て直しができず、いまは江戸幸のおろし金に限り、受け付けています。

「おろし金は木のまな板に置いておろせば滑らず、安全に使えます。それに銅は抗菌作用があり、サビに強いのが特長。クレンザーで軽く洗い、さっと水気を切るだけで、特別な手入れは不要です。ぜひ、使ってみてください」

ゴマの香ばしさが立つ本物の

すり鉢

愛知県　ヤマセ製陶所

粘土を専用の機械に押し込み、かくはん作業をする杉江孝夫さん（写真左）と匡さん親子

ヤマセ製陶所（明治創業、愛知県常滑《とこなめ》市）のすり鉢は、日本六古窯（中世から続く六つの窯。越前、瀬戸、常滑、信楽、丹波、備前）の一つ、常滑焼です。製作するのは三代目・杉江孝夫さんと四代目の匡《きょう》さん親子。

半世紀前は10人ほどの職人が働いていましたが、家庭での需要低下や激しい価格競争にさらされ、現在は2人だけで切り盛りしています。

さらに新型コロナウイルスの影響で、対面販売できるイベントが軒並み中止に。苦境に立たされながらも2人は「自分が納得できるものをお客さんに届けたい」と、誠実なものづくりを貫いています。

すり鉢で作る麦とろ飯は「ふわっとしてたまらないおいしさ」

適度な重さで安定感があるすり鉢。一つひとつ丁寧に入れられた細かな櫛《くし》目は、深い火色がレトロな雰囲気を醸《かも》し、美しさが目を引きま

す。ガラス質の釉薬「土灰釉《どばいゆう》」（自然釉）が施された側面は、手に馴染む滑らかな感触。いりゴマをザッと入れてすりこぎで擦ると、プチプチという音とともに、香ばしい香りが立ちのぼります。

孝夫さんは「ヤマイモを擦ると、空気を含んでふわっとします。そこに卵と自分で釣ったハゼのだしを入れてすりこぎで伸ばし、麦飯にかけると舌触りがぜんぜん違う。たまらないおいしさです。梅干し作りで使ったシソを干してから擦ると、酸味と塩気、香りが良くて、ご飯によく合いますよ」と教えてくれました。

ヤマセのすり鉢は耐久性が高く、堅牢できめが細かいという特長をもった「炻器《せっき》」（陶器と磁器の中間的な焼き物）。常滑で調合した良質な粘土を適度な硬さに練り、石膏型に入れて、機械ろくろで成形したら、自作した櫛状の道具で内側に隙間なく櫛目を入れます。その後、自然乾燥させて釉薬を塗布し、１２００度の窯で3昼夜焼きます。

内面にも釉薬をかけることで、すり鉢に食材の匂いが付くのを防ぐうえに、櫛目に食材が詰まらず、洗うときはたわしで軽くこするだけです。

ヤマセ製陶所

愛知県常滑市多屋町1-18
📞 0569-35-2743
http://suribachiya.com

(50ページ)
●すり鉢6号 φ18×H8/3000円
(52ページ)
●同5号 φ15×H6.5/2400円
サイズはほかにもあります。プラス1500円で、希少な天然山椒のすりこぎが購入できます(防腐剤・殺虫剤不使用、柿渋染めした麻ひも付き)。

明治時代から受け継いできたものづくりの技と心意気

櫛目がないなど、目新しさを装ったすり鉢が次つぎと登場するなか、2人は「本来のすり鉢」を作り続けています。それは、機能性に富んだこの形が完成形だから。孝夫さんの父で二代目の茂さんが確立した製造方法と形状を守り、余計な手は加えません。

匡さんが「卸売業者によっては、質より値段とか奇抜な形を求めてくる。でも、お客さんは違います。イベントで買ってくれた人が翌年、すり鉢で作ったというクッキーを持って、会いに来てくれました。うれしすぎて泣けました。お金じゃないですよね」と力を込めると、孝夫さんもうなずきます。

ゴマ豆腐、つみれ、がんもどき、ポテトサラダ、ジェノベーゼ(バジルソース)など、すり鉢のレパートリーは多様です。伝統や価値観も消費される時代に、連綿と受け継がれてきた技と心意気が詰まったすり鉢は、本物に触れる心地良さを教えてくれます。

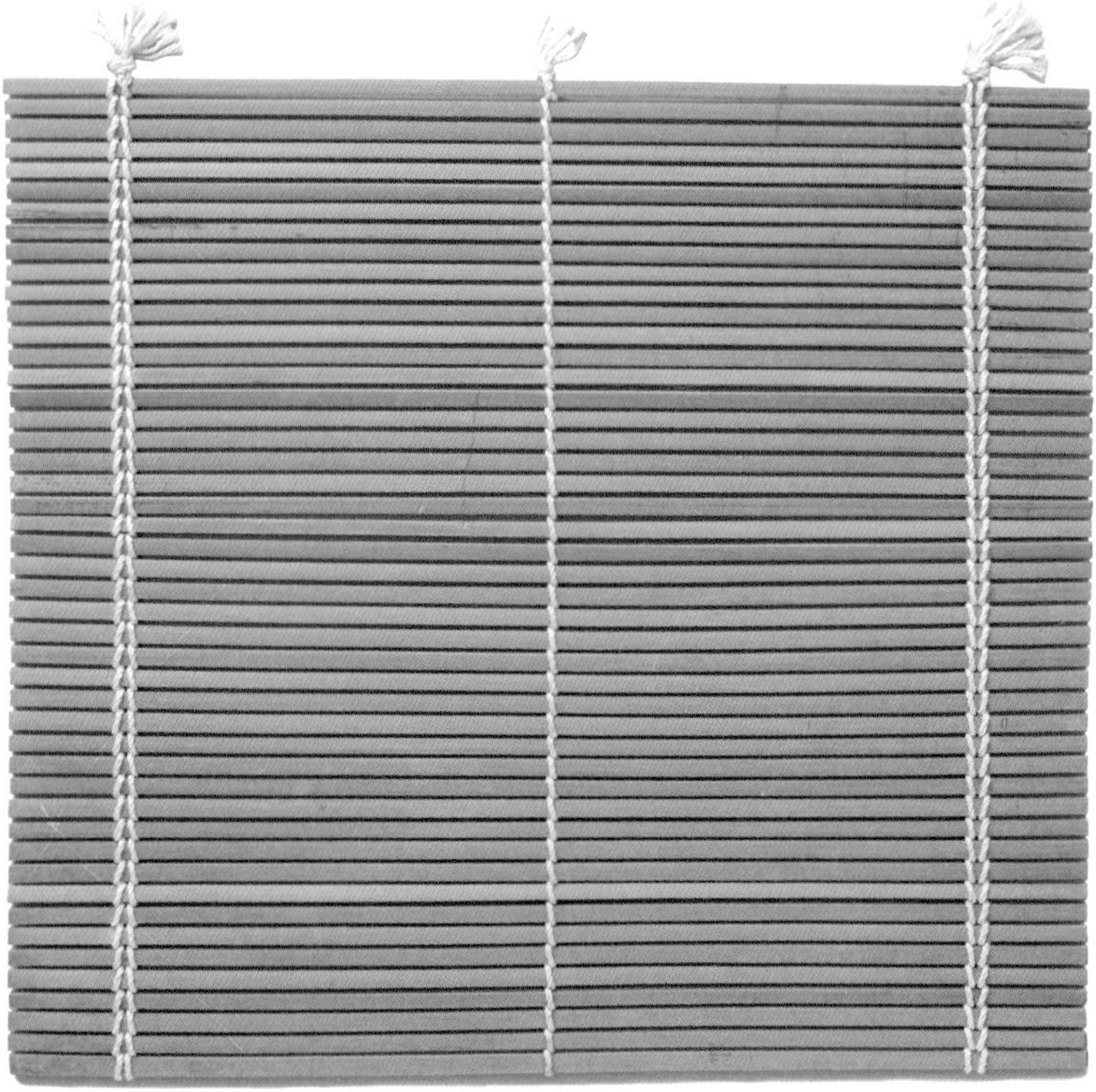

粋にこだわる職人技の結晶

巻きす

東京都　田中製簾所

投げ玉を使って巻きすを編む
田中耕太朗さん

のり巻きやだて巻きなどに欠かせない巻きす（竹製の調理用小物すだれ）は、江戸時代から伝わる日本独自の器具です。恵《え》方巻《ほうまき》が全国に広がっていることもあり、この数年、需要が伸びています。

　130年余続く工房「田中製簾所」（東京・浅草）で、伝統の技と繊細な手仕事による巻きす作りを続ける五代目・田中耕太朗さんを訪ねました。

作業は乾燥する冬の間だけ
卓越した技が生む心地良いリズム

　国産の天然竹を使用する田中さん。「まず気を遣うのは素材選び」と言います。竹は皮目が滑らかで平ら、水に強く伸び縮みせず、加工しやすいうえに、防腐、消臭、殺菌作用もあります。

いっぽうで、暖かく湿潤な地域で育ち、水分が多いとカビが生えたり、柔らかくて虫が食うなどの難点があります。そのため、田中さん

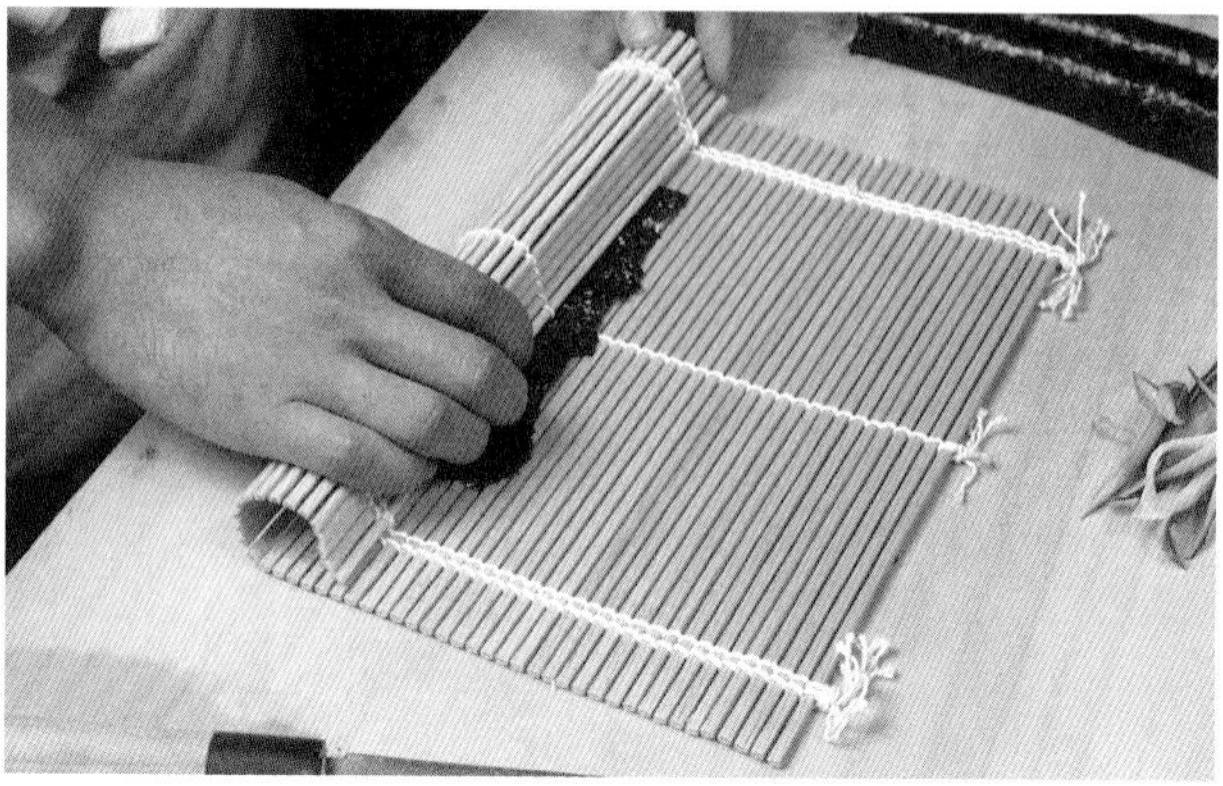

は成長が止まる冬に切り出した、北限の硬く締まった竹を厳選。巻きす作りは、乾燥する冬限定の作業です。安全性に配慮し、塗装や防カビ、防虫などの処理は施しません。素材の特性と丁寧な製法によって、丈夫で長持ちする巻きすに仕上げていきます。

製作工程は、仕上がりの長さに切った竹をもみぬかや塩などで洗い、なたや小刀でひご（竹を細く割って削ったもの）に成形して乾燥。のり巻きなどを巻くとき元の竹の形に丸まるように、ひごは切った順番に並べて編み台にセットされ、投げ玉と呼ばれる木製の重しを交差させて、木綿の糸で均一に編み込みます。

パチッ、パチッ、コンッ、コンッ。投げ玉がすだれに当たり、心地良いリズムを刻みます。

江戸職人の粋
ほかではできない仕事をするのが

できあがった巻きすは、握る面のひご1本1本がかまぼこ型に削られていて手のひらになじみ、食材をしっかりと押さえて巻くことがで

株式会社 田中製簾所

東京都台東区千束1-18-6
☎ 03-3873-4653　FAX 03-3874-0746
http://www.handicrafts.co.jp

（54・56ページ）
●巻きす W27×D24／2750円〜
だて巻き用の巻きすやランチョンマット、コースターなども。


きます。

巻きすは玉子焼きの形を整えたり、豆腐や大根おろしの水切りにも。ゆでた青菜をしぼるさいに使えば、葉や茎が潰れません。「使い込んでも糸が緩んでくることはないですよ。使用後はよく洗い、乾燥させてください。しまい込まず、こまめに使えば傷みづらいです」。

竹を焼いて独特の風合いを出し、綿糸で編みあげるランチョンマットやコースターも、「食卓がモダンになる」と人気です。

田中さんに一つの仕事に手間をかける理由を尋ねると、「ほかの人ができない仕事で、お客さんの細かな要望に応えるのが江戸職人の粋。手を抜いては作れません」ときっぱり。

粋にこだわる職人が極めた技の結晶ともいうべき巻きす。プロの料理人はもとより、家庭でも、料理をランクアップさせる必具です。

ランチョンマット

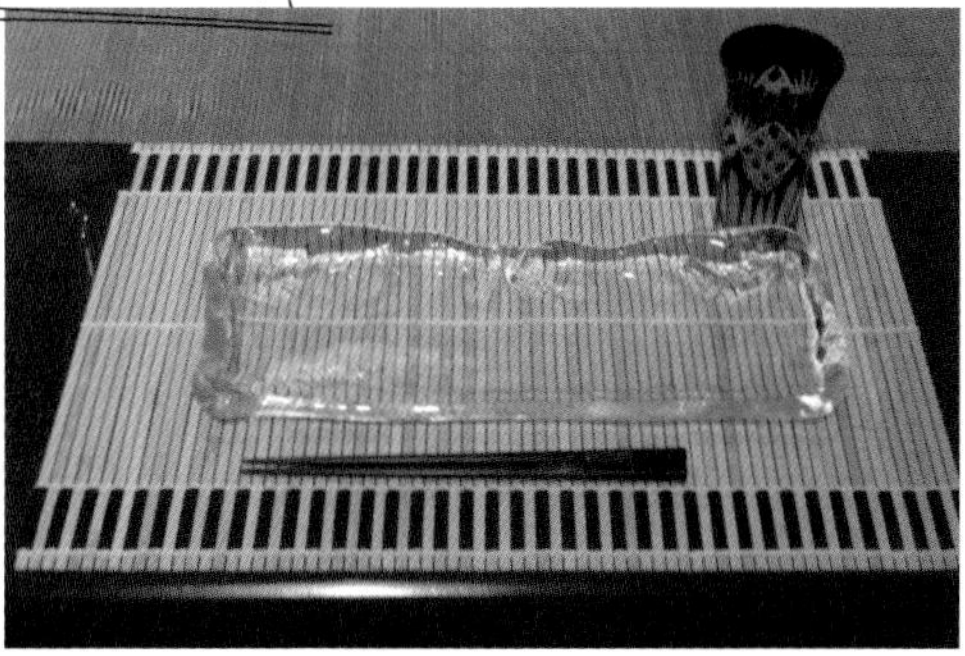

ガラスもほうろうも洗える

棕《しゅ》櫚《ろ》たわし

和歌山県

髙田耕造商店

しゅろですみっこ用のほうき（長さ 11cm）を作る髙田尚紀さん

野菜や鍋、ザルなどを洗うのに重宝するたわし。でも、安価に売られるポリプロピレンなどのたわしは繊維がとれやすいなど、使いにくさを感じることもしばしばです。そこでおすすめしたいのが、国内外のしゅろから良質の繊維を厳選し、職人が手作業で作る髙田耕造商店のたわしです。

繊維が細くしなやかで、ずっと触っていたくなるほどの心地良さ。洗剤を使わずにすみ、力を入れなくても汚れが落ちると評判です。

しゅろ産業の再生が「ぼくらができる恩返し」

しゅろのたわしは野菜の泥落としのほか、なるべく洗剤を使いたくないまな板、ステンレスの鍋やガラス、ほうろうなども傷つけずに洗えるうえに、合成繊維のたわしと比べて耐熱性があり、高温の鍋にも安心して使えます。

「しゅろは昔、カキの養殖や漁網など海で使う道具の材料として重

宝されていました。耐水性に優れ、水に浸けておいても腐りにくい特長があります」。教えてくれたのは、三代目たわし職人の高田尚紀さん。かつてはその特性を生かしてたわし、ほうき、縄やマットなどにも加工され、海南市の一大産業でした。しかし、貿易や科学技術の進歩によって、30年以上も前に絶えてしまいました。いま流通するたわしは安価な輸入のパームヤシや、大量生産できる化学繊維が主流です。

15年ほど前、高田耕造商店の職人たちは、安全性や品質の高い純国産のたわしを作りたいと山に入り、たわしの材料として使えるしゅろを探しました。しかし、どの山も荒れ放題で時が止まったよう。そんななか、しゅろに詳しい山の職人に偶然出会い、5年以上の歳月をかけて国産しゅろたわしを復活させました。

「いま、兄が入山してしゅろをとっています。最終的には山で仕事が生まれ、若者の雇用につなげるのが目標。しゅろで飯を食わせてもらっているぼくらの恩返しです」

高田耕造商店では、紀州産しゅろはその柔らかさを生かすために、ボディーブラシに用いています。農薬も消毒液も不使用。子どもも安心して使え、石けんの泡立ちや洗い心地がいいと人気です。「好きな

髙田耕造商店

和歌山県海南市椋木97-2
📞 073-487-1264
https://takada1948.jp

（60ページ左から）
●急須用1430円、ポット用2200円、細め中サイズ825円、ねじり中サイズ990円
●しゅろのやさしいたわし
大 W9.5×D14×H5／880円
中 W9.5×D11.5×H5／825円
小 W7.5×D10×H4／770円

方にはたまりません。3、4回使えばたわしが柔らかくなり、体も慣れるので、気持ちいいですよ」。

しゅろの木1本からたわし1個できるかできないか

台所用のたわしは、コシが強くて丈夫な中国産のしゅろです。有害物質の検査をし、国産品と同等の安全性を確認しています。たわし1個を作るのにしゅろ皮が10～15枚ほど必要で、髙田さんは「しゅろの木1本から、たわし1個できるかできないか」と言います。

皮は繊維をほどき、色味や状態のいいものを厳選。職人が一つひとつ手作業で巻き上げます。もっとも難しいのは針金に繊維を挟み、ほぐしながら厚みをそろえる工程。厚みが均一でないと完成後、繊維が抜け落ちたりちぎれてしまうため、指先の感覚と熟練の勘が頼りです。

特別な手入れは不要。ゴミが挟まったら流水で洗い流し、熱湯消毒も可能です。髙田さんは「何でも洗えるのが、しゅろたわしのいいところ」と胸を張ります。

鉄製の中華鍋&フライパン

長野県

河原崎《かわらさき》 貴

写真提供／原 常由

熱した鉄板を型に沿わせて打ち、グリップを作る河原崎貴さん

手にフィットするグリップ（持ち手）は、使いやすさがち密に計算されたティアドロップ（涙粒）型。鉄を熱して叩く鍛冶《かじ》仕事でしか出せない表面の火肌が、懐かしさや温かさを感じさせます。河原崎貴さんはオブジェや装飾品を作る西洋鍛冶の技術で生活道具を作る異色の存在です。「毎日料理したくなる中華鍋」誕生の瞬間に立ちあいたく、長野県伊那市の工房を訪ねました。

重さを感じない、加熱中も握れる グリップに詰め込まれた創造性

カンコンカンコンと響く音。河原崎さんはオレンジ色に熱した円盤状の鉄板を少しずつ回転させ、水をたっぷり含ませて重くした木づちを振り落とします。鉄板の中ではがれた黒い酸化被膜が跳ね上がり、みるみるうちにきれいなボウル型に整いました。

「中華鍋は深く突き出すように叩いて作るので、底は縁の半分ぐらいの厚みになります。ぶつけやすい縁は1.6㎜あり、頑丈です。調

理のときは薄い底に火が当たり、炒めものに理想的な形です。揚げものも、底が平らな鍋より少ない油でできますよ」

グリップは自前の型に沿わせて成形し、ワイヤーブラシで表面を滑らかにしたのち、鉄のびょうで本体に接合します。仕上げのさび止めはラッカーなどの塗料は使わず、サラダ油を塗ります。

長く安心して使ってもらえるのが手仕事のいいところ

「鉄製中華鍋は重い」という固定観念を吹き飛ばし、女性でも容易に持ち上げることができる河原崎さんの中華鍋。この型にたどり着くまで、調理器具売り場に何度も足を運び、中華鍋を片っ端から握っては振り、飲食店でも中華鍋の使われ方をひたすら見て研究しました。

「軽く感じさせるために工夫できるのはグリップだけです。中華鍋はあおるなど縦の動きが多いので、持ちやすく

Gallery sen ギャラリーセン

長野県松本市中山6573
Mail：1000.gallerysen@gmail.com

（62ページ）
●中華鍋
特大 鍋本体 φ29.5×H7／1万9800円
大 〃 φ27×H7／1万6500円
小 〃 φ24×H7／1万4300円
（64ページ）
●フライパン
大 鍋本体 φ28×H4／1万5400円
中 〃 φ24×H4／1万3200円
小 〃 φ22×H4／1万1000円

するために角度を工夫して、長さを短くしています」

グリップも鉄製ですが、本体との接面をできる限り小さくし中空にしているため熱くなりにくく、素手で握って調理できます。グリップの先が丸いのは、多様な握り方を可能にし、身長によってコンロ台の高さがストレスにならないための工夫です。

河原崎さんの本業は、ドアノブや手すりなど建築関係の鍛造製作。中華鍋は妻のために作ったのがきっかけでした。縁があって東京・丸ノ内のショップに置かれると、30代の女性を中心に人気に火が付きました。「自分のために作られた」。そう感じられる余白をもたせたシンプルなデザインと使いやすさに、二つめ、三つめと買い足すリピーターや、鍋ぶたを特注する人も増えています。

「作家の名前でなく、品質や使用感で見てもらえているのがうれしいですね。手仕事のいいところは、お客さんが欲しい物を作れること。修理やクリーニングもしますので、捨てたり、買い替えるストレスを感じずに、安心して長く使ってもらえます」

調理して、そのまま食卓に乗せても絵になる中華鍋とフライパン。使うたびに心がときめき、幸せを感じる逸品です。

食卓を彩る
食器類

Japanese Tableware

食卓をさまざまに演出してくれる器やカップ。さらに、水切れが抜群で絶対に垂れない銅製の茶器、しょうゆだれのストレスから解放してくれるしょうゆ注ぎ、食べものが滑らないお箸…。職人の技がキラリと光るテーブルウエアで、毎日の「食べる」がいっそう楽しくなりますように。

鍛金《たんきん》の技が生み出す

銅製の茶器

東京都　長澤製作所

熱して冷ました急須の表面を
金づちで叩いて模様を入れる
長澤利久さん

鍛金とは銅や銀、真ちゅうなどの金属板を金づちで叩き、さまざまな生活用品を作る伝統技術です。その歴史はメソポタミア文明や古代エジプト文明にまでさかのぼります。日本で一般家庭の日用品に用いられるようになったのは江戸時代以降。この鍛金技術を継承し、世代を超えて愛用される茶器を作り続ける職人・長澤利久さんの製作所（東京都荒川区）を訪ねました。

抗菌・除菌作用で水がまろやかに

長澤さんが作るのは、主に湯沸かしや急須など銅製の茶器です。表面に打ち出した模様がさまざまな角度に光を反射し、奥深い光彩を放ちます。最大の特長は注ぎ口の水切れの良さ。注ぎ口の先が絶妙なカーブを描いて反り返り、水が垂れるのを防ぐのです。長澤さんは「職人の一番の腕の見せ所」と言います。さらに水が1ℓ入る湯沸かしは、そうとは思えないほどコンパクトで、スタイリッシュ。

銅は熱して軟らかくした後、金づちで叩いて模様を入れると強度が

生まれます。毎日使うからこそ丈夫で、「雑に」扱えるのも魅力です。銅は抗菌・除菌、塩素を分解する作用があるといわれ、水がまろやかでおいしくなると評判です。熱伝導が良く、「お湯がびっくりするくらい早く沸きますよ。高い温度域が長く続くので、ほうじ茶や番茶にすごく合います」。茶葉の開きが早く、渋みの少ない香り豊かなお茶がいれられます。

長澤さんは、荒川区無形文化財の祖父・金次郎氏、通産省認定工芸士の父・武久氏の職人技を継承する三代目。いまでも、祖父や父親が数十年前に作った茶器の修理を頼まれることがあります。

「毎日使って喜ばれることが、なによりもうれしい。上手に使えば世代をまたいで使える物ですから、アフターケアをきちんとして、長くお付き合いいただいています」

手づくりの味わい追求し、独自の色付けも

鍛金は皿やカップ、花器など、どんな形にも成形できます。90歳を

長澤製作所

東京都荒川区荒川3-7-4
📞 03-3891-4907　📠 03-3891-4903

（68ページ左から）
●湯沸かし あらし梅 1ℓ／6万6000円
●急須 丸型（中）タテゴザ目 380mℓ／1万4850円
（70ページ左から）
●湯沸かし 市松（モザイク） 1ℓ／8万8000円
●湯沸かし 丸つち目 1ℓ／6万6000円
デザインや色などご相談ください。

過ぎた女性に依頼され、弁当箱を作ったことも。「父親の銅製の弁当箱に詰められていたご飯のおいしさが忘れられない。いつか職人さんに、私だけの弁当箱を作ってもらいたいと思っていた」と、大切な記憶が託された依頼でした。

長澤さんは、手づくりの味わいが感じられるものづくりを追求しつつ、独自の色付け技術も体得。大量生産の食器具があふれる時代に、その創意性が際立っています。最近は外国のお客さんも増え、コロナ禍でおうち時間が長くなった影響か、若い人からの注文も。

「購入してくださる外国の方や若い人などは、銅の湯沸かしや急須の良さをよく勉強されています。職人の作る物には、日本の文化や気候風土に適した合理性があります。多くの人に興味をもってもらい、使ってほしいですね」

その他のラインナップ

日本特有の美と優雅さ

南部鉄器の急須

岩手県　岩鋳《いわちゅう》

鋳型に1500度の鉄を流し入れる
鋳造作業

南部鉄器は平安時代から続く伝統工芸品です。鉄、砂、粘土などの良質な原材料がとれる岩手県の盛岡市と旧水沢市で発展してきました。茶道で使う湯釜が始まりで、「わび・さび」といわれる日本特有の美と優雅さ、手になじむぬくもりが魅力です。

伝統的な製法にモダンなデザインもとり入れる創業明治35（1902）年の老舗メーカー・岩鋳（盛岡市）を訪ねました。

保温性に優れ
茶葉のうま味じっくりと

南部鉄器といえば鉄瓶が一般的なイメージですが、岩鋳は鉄瓶のほかに急須や鍋なども製造しています。なかでも急須は、代表的なあられ模様やざくろ石を模した24面体、毬《まり》の模様など、洗練されたデザインと色彩が海外でも高く評価されています。

保温性に優れ、時間が経っても冷めにくい鉄器の急須。茶葉のうま味がゆっくり引き出されることと、磁器などに比べて堅牢なのが特長です。

急須を製造する工場は、木々が茂る山道の先にありました。作業場でおこなわれていたのは鋳造作業。大きな火花が飛ぶなか、1500度でオレンジ色の液体になった鉄を取鍋《とりべ》に移し、並べた鋳型《いがた》に流し込むと、鋳型からぼっと炎が上がります。

この道36年の八《や》幡《はた》詳《よし》永《ひさ》工場長が「鉄を流し入れる高さやスピードが、商品の良し悪しを決めます。この工程が急須作りの心臓部です」と説明してくれました。

現在、取鍋の移動には機械を導入していますが、八幡さんが入社した当時は20kgもある取鍋を10~20m持ち運んでいました。「鉄を撒《ま》いてしまったこともあります。火花は肌に付くと玉になって落ちるだけですが、服や手袋に付くと布が焼けてやけどする。私の腕にもやけどの跡がありますよ」。危険と隣り合わせの作業です。

熱が冷めた急須は型からとり出し研磨して、外面はウレタン樹脂で、内面はほうろうでさび止めを施します。

「塗装がはげるとサビの原因になります。使用後は柔らかい布やスポンジで拭いてください」

株式会社 岩鋳

岩手県盛岡市南仙北2-23-9
019-635-2501
http://www.iwachu.co.jp

（72ページ）
●鉄瓶兼用急須 5型新アラレ 650ml／1.2kg／9350円
（74ページ左から）
●急須 毬あそび（さんご色）650ml／9680円
●急須 石榴（ハワイアンブルー）700ml／1.6kg／1万6500円

「急須HEAT（鉄蓋）艶消黒」
（1万8700円）

使うほどに味わいが出る急須 優雅なティータイムを

南部鉄器についてよくいわれるのは、「水道水のカルキが消える」「鉄分が溶け出して鉄不足が補える」「水がまろやかになる」。これらの効果が期待できるのは鉄瓶です。岩鋳の鉄瓶は、工場とは別の工房で、職人が全工程を手作業で作ります。

また、鋳物の鉄は炭素分が多く、熱を加えると膨張や収縮を繰り返すため、鉄瓶は火にかけられますが、急須は火にかけると中のほうろうが割れてしまいます。

鋳型は粒子が細かい砂と水、粘土分、でんぷん、墨の粉を混錬して作ります。「工芸品は肌が命。天候に合わせて水分調節をしますが、これは職人の勘です。自分で作った型に鉄を入れてしっかりと製品になると、ものづくりの楽しさを感じますね」。

「正しい使い方をすれば一生もの」といわれ、使うほどに味わいが出てくる南部鉄器。伝統と進化をまとった急須で、優雅なティータイムを過ごしませんか。

人と人を結ぶ
「橋（箸）渡し」

箸

福井県　兵左衛門

箸の魅力を語る細井聡さん。「箸先にへこみを付けたうどん用の箸が意外に万能です」

日本食に欠かせない箸。口に入れる食器だからこそ、安全性をとことん追求し、職人が一つひとつ丁寧に作り上げます。箸ブランド「兵左衛門」（福井県小浜市）の企画・販売に携わって20年、箸の奥深い魅力に精通する細井聡さんを、東京・広尾の直営店に訪ねました。

原材料の木材も塗料の漆も天然もの

「箸は食べもの」と宣言する「兵左衛門」ブランド。その箸は木を削り、形を整えて、仕上げに漆を塗ることで強度をもたせる「塗箸」が主流です。「箸先は噛んだり削れて体に入ってしまうこともあります。国の安全基準では合成化学塗料に漆1滴混ぜたものでも『漆塗装』と表示できますが、「兵左衛門」の箸は下塗り、中塗り、上塗りすべてに合成塗料をいっさい含まない天然の漆を使っています」（細井さん）。

漆は防水や防腐、防虫性などに優れています。漆アレルギーがある

人には、天然の蜜蠟《みつろう》で仕上げた箸も。蜜蠟も防水や汚れ防止効果があり、無色透明なため、木地の自然な風合いや柔らかな手触りが楽しめます。

原材料の木は黒檀《こくたん》やアオダモ、クメア、アスナロ、マニルカラなど18種類。これらを丸や4角形、5角形、6角形、8角形、ねじったような形など、さまざまに削り出します。

仕上げはおもに漆の粒子で細かい凹凸を残すすり漆と、漆を何度も塗ったあとに研いで滑らかにした塗り漆の2種類。卵の殻や貝殻などを用いた、福井県小浜市伝統の若狭塗りも人気です。

「すり漆は滑りにくく、麺や汁ものも食べやすいです。塗り漆は耐久

兵左衛門

(広尾店)東京都渋谷区広尾5-3-9
☎ 03-5420-1184　FAX 03-5420-8410

●一膳 1100円～。子ども用の箸は13～18㎝まで４サイズを展開。
折れたり、色落ちしたさいは修理も受け付けます。1本から購入可能。

性が高い。黒檀や紫檀《したん》は重さがあります。箸の重さが気になる方や手の不自由な方などには軽いサクラやアスナロが喜ばれます。持ち手や箸先もそれぞれの形状に魅力があるので、料理で使い分けてみてほしいですね」

箸への愛着が食事を大事にする気持ちにも

日本の箸はつまむ、挟む、割く、押さえる、はがす、ほぐす、運ぶ、混ぜる、すくう、くるむなど、多彩で繊細な所作を可能にするために、独自の進化を遂げてきました。一人ひとりに専用の箸があるのも、属人器といわれる日本独特の食文化です。各地で開催する「お箸の教室」は、そんな深遠な日本文化に触れられると好評で、多いときは年間250回にも及びます。

「箸には人と人とを結ぶ『橋（箸）渡し』の意味があります。箸のマナーや歴史を学び、箸作りを体験することで、箸に愛着が生まれ、食事を大事にする気持ちにつながると思います」

ぽってりとして素朴な味わい 益子焼の器

栃木県　大誠窯《だいせいがま》

足でろくろを蹴って回し、指先の繊細な動きで2分弱、あっという間にマグカップを成形する大塚誠一さん

飛鳥時代に朝鮮半島からろくろ技術と窯《かま》が伝わって以降、日本各地で陶器作りが受け継がれています。生活雑器として発展した栃木県益子町の益子焼は、年に2回開催される陶器市に全国から約60万人が訪れるほど人気です。

現在も使用される益子の登り窯のなかで、最大規模の登り窯を有する大誠窯は、1861年創業。伝統的な材料と製造法を守りつつ、現代の生活様式に合った器を制作する七代目、大塚誠一さんを訪ねました。

すべてを手作りし、自然の風合いと和の重厚感が織りなす温かみ

「益子の土にもいろいろありますが、砂気が多いのが特徴なので、益子焼は大らかでぽってりした質感と、素朴な味わいがあります」（大塚さん）

大塚さんの器は自然の風合いと和の重厚感が温かみを醸《かも》しつつ、和洋どちらの料理にも合うモダンな雰囲気。マグカップは厚みと丸みを

もたせた縁が、つるんと柔らかな口当たりです。
すべてを手作業する大塚さん。まず、益子で産出する土を石造りの水槽に入れて不純物を取り除き、乾かす作業を数カ月繰り返して、陶土を作ります。次に土を練って空気を押し出し、ろくろに乗せて成形します。その後、800度で素焼きして、伝統的な地元産の原料と製法で自作した釉薬《ゆうやく》をかけて耐水性をもたせたら、1300度の窯で3日間、本焼きします。釉薬に使う木灰には、作業場や作業場に隣接する直売店の薪ストーブから出る灰も利用する、昔ながらの循環型生産です。
創業以来約160年間使っている登り窯。熱が上昇する性質を利用するために、斜面に数基の窯が連ねられ、最下部の焚口で火を燃やします。一度に多くの陶器を焼くための、先人の知恵です。

東日本大震災を乗り越えて——伝統を守り続けたい

2011年3月11日、大塚さんは大地が大きく揺れるなか、火が

大誠窯

栃木県芳賀郡益子町城内坂92
📞 0285-72-2222

(80ページ)
●お皿 φ17.5×H28／4400円
(82ページ)
●マグカップ 本体φ9×H85／4950円

入っていない登り窯から白煙がもくもくと立ち昇る異様な光景を目の当たりにしました。店も、倉庫も、商品の多くも破損。しかし大塚さんは、「福島、岩手、宮城や、益子より歴史の古い焼き物の産地がある浪江町の被害を思えば、大したことはない」と、益子の土で窯を基礎部分から作り直し、使える部屋（焼成室）は修繕。自らの手で、7カ月かけて再建しました。

薪をくべて窯で焚くことにこだわるのは、「お米と同じ。電気やガスより薪で焚いたほうが火の当たり具合で趣が出たり、おこげのように灰がついて、それが『景色』や表情になる」から。

東日本大震災後、気になったのは放射能汚染です。「放射能は釉薬に使う灰にも残留します。影響を調べて、対応しなければいけませんでした。人間本来の営みや、自然に近いところで仕事をするほど、原発は大きなダメージになります」。

生活雑器に特別な魅力を感じるという大塚さん。「昔もいまも実用性がある陶器には、共通する必然性といいリズムがあります。合理性だけ追求するとそれらが薄まっていく。意識的に伝統にとどまり、ときには戻りながら作っていきたいです」。

食卓を華やかに演出する

木の器

福井県　小島 尚

ろくろに木地を固定し、自前のカンナで削る小島尚さん。材料はカエデなどの硬い木が多く、筋力のいる力仕事です

木製の食器は温かみが感じられ、食卓を華やかに演出します。落としてもぶつけてもガラスのように割れる心配がなく、子ども用にも人気です。でもいざ購入するときに「ウレタン塗装」の表示を見つけて、購入を諦めた経験はありませんか？

「自分がいいと思ったものしか販売できない」という小島尚さんは、ものづくりに真摯に向き合う木工作家です。工房は福井市から電車で約1時間半、山の麓にありました。

「安全と言えないものは売らない」品質、デザインの力にこだわる

「木は過酷な環境で育つと、こぶやイボのようなものができて模様となり、格好良さや味になります。不思議な模様を作る菌が入ることもあります。じっと見ていると、それぞれの木の生き様が見てとれて、『お疲れさま、よくがんばったね』という気持ちがわいてくるんです」

小島さんは木に強い愛情を抱き、長く使える良質さとデザインの力

その他のラインナップ

が感じられるものづくりを追求しています。その一つは水分を吸収し、傷みやすい木の性質上、欠かせないコート剤です。一般的に多いのはウレタン塗装ですが、シンナーを溶剤に使います。「ウレタンの塗膜は丈夫ですが、シンナー臭が残ります。安全と言い切れないものはお売りできません」。

代わりに使うのはオイルにミツロウワックスを混ぜたオイルワックス、ガラスコート、漆の3種。まな板はオイルコートで仕上げています。「コート剤のオイルは亜麻仁油などの食用油が、高価ですがベストです。市販されているので、ご自宅でも手入れができます。ガラスコートは耐熱、耐水、撥水《はっすい》性があり、木の表情が楽しめます。圧倒的に持ちが良いのは漆ですが、木目は隠れてしまう。漆が好きな方も多いですが、原材料が高く手間が段違いに多いので、高額になります」。

10年使っている漆コートのお皿を見せてもらうと、一部が透明感のあるべっ甲色に。そこに木目が浮かび、宇宙空間のような深みを帯びていて、目を奪われました。「洗ったあとに拭くことで磨かれて、経年変化したんです。天然樹脂のパワーですね」。

小島 尚

福井県大野市川合20-57-5
Mail : nkojima534342@gmail.com

（84ページ）
●サラダボウル（ガラスコート）
ϕ20×H5.5／1万1000円
（86ページ左から）
●フリーボウル（漆＋ガラスコート）
ϕ10×H7.5／8360円
●フリーカップ（漆＋ガラスコート）
ϕ7.5×H6／5830円

理念や鍛錬された技から生まれる製品だけがもつ価値

自然環境の保護に少しでも寄与したいと、端材は子どもを対象にした工作教室で再利用。さらに残ったものは工房の薪ストーブの燃料にするなど、最後まで使い切ります。

「目先の経済効率ばかりをみて、汚染物質を垂れ流す人間社会はだらしがない。一人ができることはほんのわずかですが、『始末のいい生き方』をしたいと思っています」

ものづくりの魅力は、「自分がいちから手作りしたものを、お客さんがお金を出して買ってくれること。そのお金が自分の生活の糧になるのですから、生きていると強く実感します」。

お金は使い方次第で、その価値が何倍にもなります。作者の理念や鍛錬された技から生み出される製品は、使い手それぞれの暮らしに潤いや充足感、幸福感をもたらすからです。それは値札の数字では比較できない、何にも代えがたい価値です。

使うほど
つやと風合いが増す

江戸漆器

東京都　角漆工

おわんに柄を付ける
角光男さん

漆器《しっき》の歴史は約9000年前、縄文時代早期にまでさかのぼります。現在では、北は青森県の津軽漆器、南は沖縄県の琉球漆器と、各地で多彩な発展を遂げています。2021年3月、荒川区指定文化財に認定された江戸漆器の第一人者、職人歴55年の角《かく》光男さんの工房（東京都荒川区）を訪ねました。

希少な国産漆《うるし》にこだわり普段使いできる器

角さんは江戸漆器の魅力について、「すし桶やせいろ、丼、重箱など商業用の道具として発展したため、丈夫さが勝負です。半日、水に浸けても大丈夫」と胸を張ります。

ほかにも、油汚れが付きにくくて落ちやすく、手入れが簡単です。熱やアルコール、アルカリ、酸にも強く、抗菌作用があり、湿気の多い日本の気候に適しています。漆独特の柔らかな手触りと滑らかな光沢があり、なにより天然塗料で安全です。

漆はうるしの木から分泌される乳白色の樹液を、ろ過や精製して塗

料にしたものです。現在、国産漆は激減し、価格が高騰。日本で流通する漆器の約70％がウレタンなどの合成塗料で塗装され、国産漆は漆の国内消費量の1～2％程度です。

普段使いできる漆器を追求する角さん。国産漆にこだわり、「材料をけちらない」がモットーです。漆器は下地、中塗り、上塗りを薄く塗り重ねて仕上げます。国産漆は主成分「ウルシオール」が多く高品質ですが、塗るとしわができてしまいます。そこで、角さんはしわやざらつきを生かした新しい技法を編み出しました。

飲みものをまろやかに
修復は何度でも

その熟練の技が光るのが、陶器に漆を塗ったビアカップ。ビールを注ぐと、内側の凹凸がきめ細かいクリーミーな泡を立たせます。その味わいは、大手ビール会社の社員が絶賛するほど。水やお茶もおいしくなると評判です。

「最近は数年かけて一つずつ買いそろえるなど、良いものを長く使

角漆工

東京都荒川区西尾久4-6-10
📞 03-3893-0839　📠 03-3893-0489

(88・90ページ)
●ビアカップ 4840円～
(91ページ)
●お椀 1万450円～
手作りのため、形や色、模様など一つひとつ違います。
漆器の修理も受け付けています。

いたいと考える人も増えています。漆器は一生使えるし、欠けても何度でも直せる。ぜひ、使ってみてほしいですね」

じつは角さん、貧困問題などに取り組む市民団体「荒川生活と健康を守る会」の会長を務めて33年目。47年前、同会に子どもの保育園の入園を相談したのがきっかけでした。現在は角さんを頼って生活相談に来る人も多く、忙しい毎日です。

「伝統工芸も庶民の生活も、たたかわなければ守れない。その両立を考えたからこそ、新しい技法を編み出すことができ、創造性の高い作品が作れるのです」

使うほどにつやが出て、風合いも増す江戸漆器。いまはもうほとんどいない江戸漆器の職人が丹精込めて作った器で、食卓に彩りを加えてみてはいかがですか。

その他のラインナップ

江戸切子

光のアートを生み出す

東京都　川辺硝子加工所

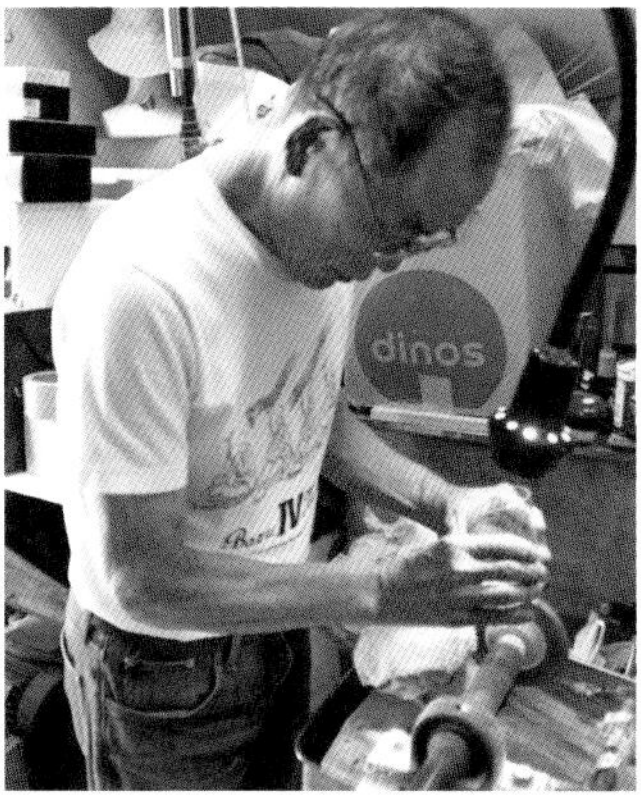

「最近は小・中学校での伝統工芸体験授業が多くなった」という川辺勝久さん。切り口を冷ますため、水をかけながら模様を入れる

江戸時代末期、透明なガラスにヤスリなどで細工を施した製品として生まれた江戸切子。明治期以降は、赤や青の色がついた色被《いろき》せガラス*にホイール（研磨機）でカットを入れる薩摩切子の技術を導入し、色彩鮮やかなものが主流になりました。東京都品川区で唯一、江戸切子を守り続ける川辺勝久さんの工房で、繊細なガラス細工の手さばきを拝見しました。

重厚なクリスタルガラスに縦横斜めに入る繊細な模様

江戸切子に使うガラスは、灼熱《しゃくねつ》の状態で成形したものをベルトコンベヤーに乗せ、一晩かけてじっくりと冷ましたクリスタルガラス。「沈みがきいている」（川辺さん）と表現され、普通のガラスより重く強度もあり、氷が当たるカランカランという響きやガラス同士がぶつかり合うときの音に、澄んだ清涼感を漂わせます。

切子職人は、工業用ダイヤモンドを塗り付けたホイールを駆使して、ガラスの表面に縦横斜めの切り込みを入れて模様を描きます。

＊透明なガラスの上に着色したガラスを被覆した２重ガラス。

文様は矢来《やらい》（竹格子）や菊花、麻の葉など、和服にもある和の模様が主流。最近は、ガラス製品会社からデザインを指定されることが多くなっていますが、川辺さんは自分の発想で切り込みを入れたオリジナル製品も製作しています。

縦横に細かく切り込みが入っているものほど作るのが大変そうに見えますが、本当に難しいのは、グラスの胴まわりを1周するリング状の模様を入れることだと言います。「始まりと終わりがきっちり合わないといけないでしょ。リングを数ミリ間隔で2本以上入れるデザインは、同じ間隔を保ったまま1周させるのがすごく大変なんですよ」。

下町から始まった伝統工芸
新しい製品にもチャレンジ

江戸切子の発祥地は、江東区など東京の下町。昔は、水車が回転する力をホイールの動力に利用したため、川の多い下町で盛んになったのだとか。

川辺硝子加工所

東京都品川区南品川5-4-16
☎&📠 03-3471-6116

(92ページ)
●グラス φ7.6×H9／3万3000円
(94ページ左から)
●グラス φ5.6×H5／2万500円
●ティースプーン 5万円
●グラス φ7.6×H9／3万800円

「私の父親は、江東区亀戸の会社で切子職人をやってきて、60年ほど前に独立し、ここに工房をもったんです。私は中学を出てすぐに手伝い始めたけど、切子の技術をちゃんと教えてもらう前に父親が亡くなったので、苦労しましたよ」

さまざまな太さや形状の切り込みを入れるため、使うホイールは約100種類。工房をもって独立したとき、これらをそろえるだけで「何年もかかった」と川辺さん。

「切子が高額なのは、加工賃より材料のコストが大きい。たとえ細かい模様を入れた4万円のグラスでも、ほぼ1日で仕上げないと職人はやっていけない」

「おそらく世界中どこにもないうちだけのオリジナルの製品」と胸を張る新作は、持ち手のガラス棒に江戸切子が施されたティースプーンです。今後は、同様の作り方でカレースプーンやナイフ、フォークにもチャレンジしていき、セットで売り出したいと構想しています。

切子のグラスに氷を浮かべ、涼やかな音色とともに口にすれば、夏の暑さも忘れさせてくれます。

わずかな液だれもしない

しょうゆ差し

東京都　岩澤硝子

岩澤宏太・代表取締役（写真右）。中央にあるのがガラスを熱して溶かす窯

しょうゆ差しの液だれに、ストレスを感じたことはありませんか。職人が鍛錬を積んだ伝統の技で一つずつ手作りする岩澤硝子（創業1917〈大正6〉年）の「江戸前すり口醤油注ぎ」は、絶妙な厚みをもたせたガラスで、シンプルながらぽてっとしたやわらかさを感じさせるフォルム。しょうゆの出方は細めで量を調節しやすく、出かかった一滴がビンを縦にした瞬間にひゅっと中に吸い込まれ、わずかな液だれもしない優れものです。

職人の高度な技で 1400度のガラスをすばやく加工

岩澤硝子は江戸時代に生まれたガラスの金型製法技術をいまに受け継ぐ、江戸硝子の窯元です。岩澤宏太・代表取締役が「職人がビンの口と栓を一つずつ擦って、隙間なくピタッと合わせています。ビンの縁と栓の間にわずかな隙間を作ることで、液だれしません」と説明してくれました。

工場《こうば》は1階に熱源があり、2階の中央に設置された窯を約1400

度に熱し、24時間365日、ガラスを水飴状に溶かし続けています。
窯から竿で黄色く発光する高熱のガラスを巻きとり、金型に流したらはさみですばやく切断。すぐに圧迫して吹き込み口を作り、別の金型に移して空気で膨らませ、ビンの形にします。
高温のガラスを扱う作業ほど、高度な技術を要します。ガラスは約600度以下になると固まってしまいますが、吹きガラスと違って金型での成型は途中で熱し直すことができないため、一瞬が勝負。夏は相当な暑さのなか、職人は各々の持ち場で集中力を維持し、素早く作業します。

日本のガラス製作を守り支える町工場

「江戸前すり口醤油注ぎ」は墨田区が地場産業の伝統技術などをブランド認定する「すみだモダン」に初年度（2010年）に認定され、これがきっかけで人気に火がつきました。

「しょうゆ注ぎのビンと栓は製法が違います。その両方を作る技術

岩澤硝子

東京都墨田区
（117ページのSHOP LISTをご参照ください）

（96・98ページ）
●江戸前すり口醤油注ぎ 大 100cc／1320円
（99ページ）
●小 50cc／1210円
別のデザインやグラスや携帯スタンド、花瓶なども。

とすり口の技術をもっている工場は、もう2、3社しかありません」（岩澤さん）

東京伝統工芸士だった父親が他界し、岩澤さんが代表を引き継いだ２０１７年は、同業社の廃業などがあり、岩澤硝子は注文が増えてパンク状態でした。しかし、20年2月以降は新型コロナウイルスの影響でキャンセルが続出。「仕事は半分ぐらいに減っています。でも、うちが廃業すれば技術も工場も途絶え、ここでしか作れない製品は消えてしまう。責任とやりがいを強く感じています」と言います。

社員41人、若手の育成にも力を注ぎ、職人の平均年齢は45歳です。70代のベテランや東京伝統工芸士の職人を中心に、お皿や花瓶なども合わせると年間１００万点以上を製作しています。日本のガラス製作を守り、支える町工場です。

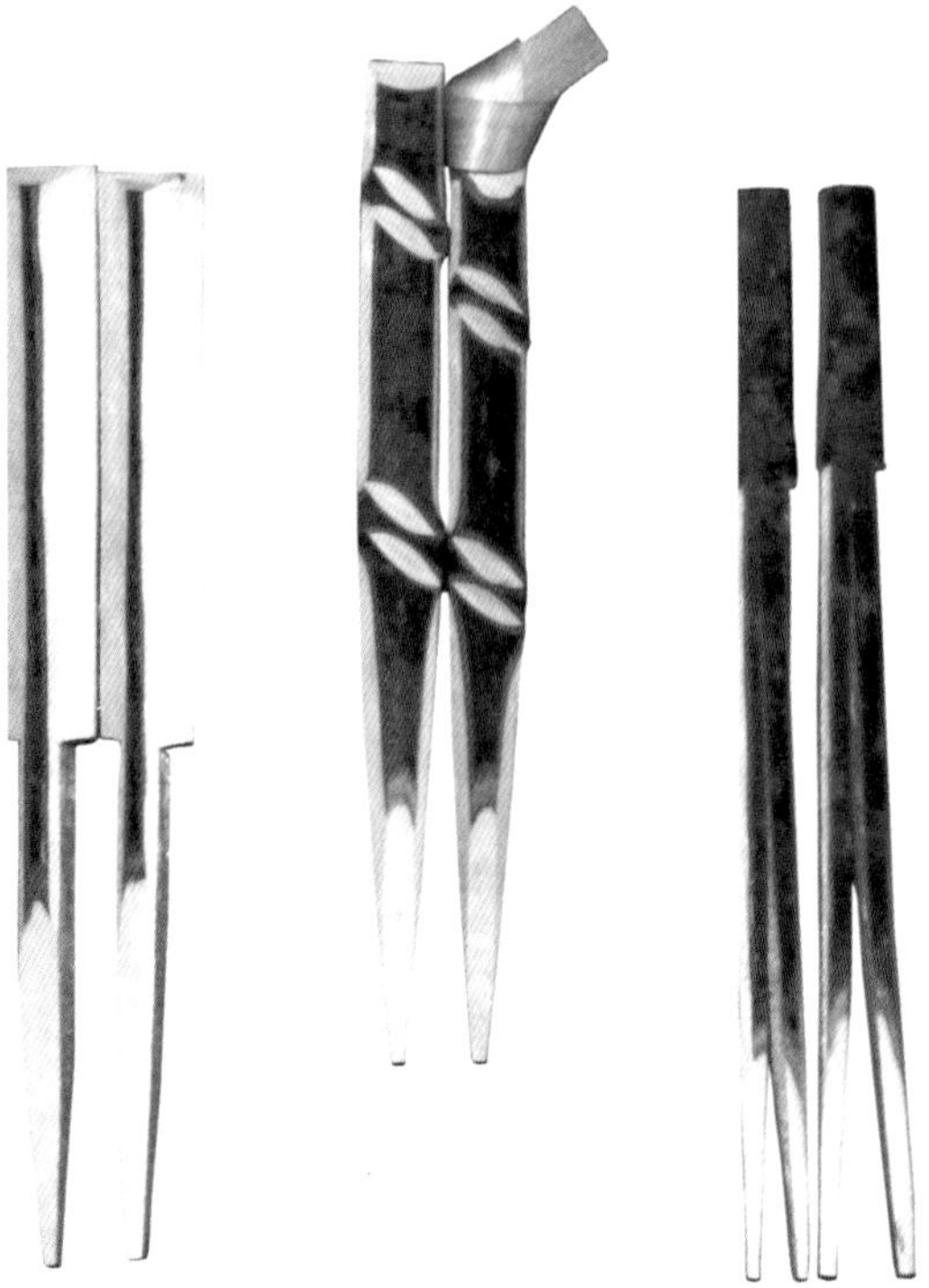

お祝いや晴れの席に

雨城楊枝《うじょうようじ》

千葉県　森 光慶

手先に神経を使いながら次つぎと製品を作る森光慶さん

千葉県君津市の久留里《くるり》で、江戸時代のはじめから作られてきた楊枝。久留里城の別称「雨城」から雨城楊枝と名付けられました。最盛期には500人の職人がいましたが、大量製造品が出回るようになると急速に衰退。そんななか、黒文字を材料に、伝統的な技法で雨城楊枝作りを守り続けている、二代目・森光慶さんを訪ねました。

細い楊枝を芸術的に加工
茶席や料亭などで珍重され

雨城楊枝の材料となる「黒文字」は、クスノキ科の香木。現在では白樺が多く使われますが、森光慶さんはいまでも近くの山に登って、自ら良質な黒文字を採取してくるのだといいます。

「秋から冬口の、成長が落ち着いたときに切って、1カ月ほど寝かせて材料にします」と森さん。

雨城楊枝の特徴は、木をただ細い棒状に削るだけでなく、黒文字の皮や樹肉の白さを生かして、さまざまな細工を施すこと。閉じた扇の

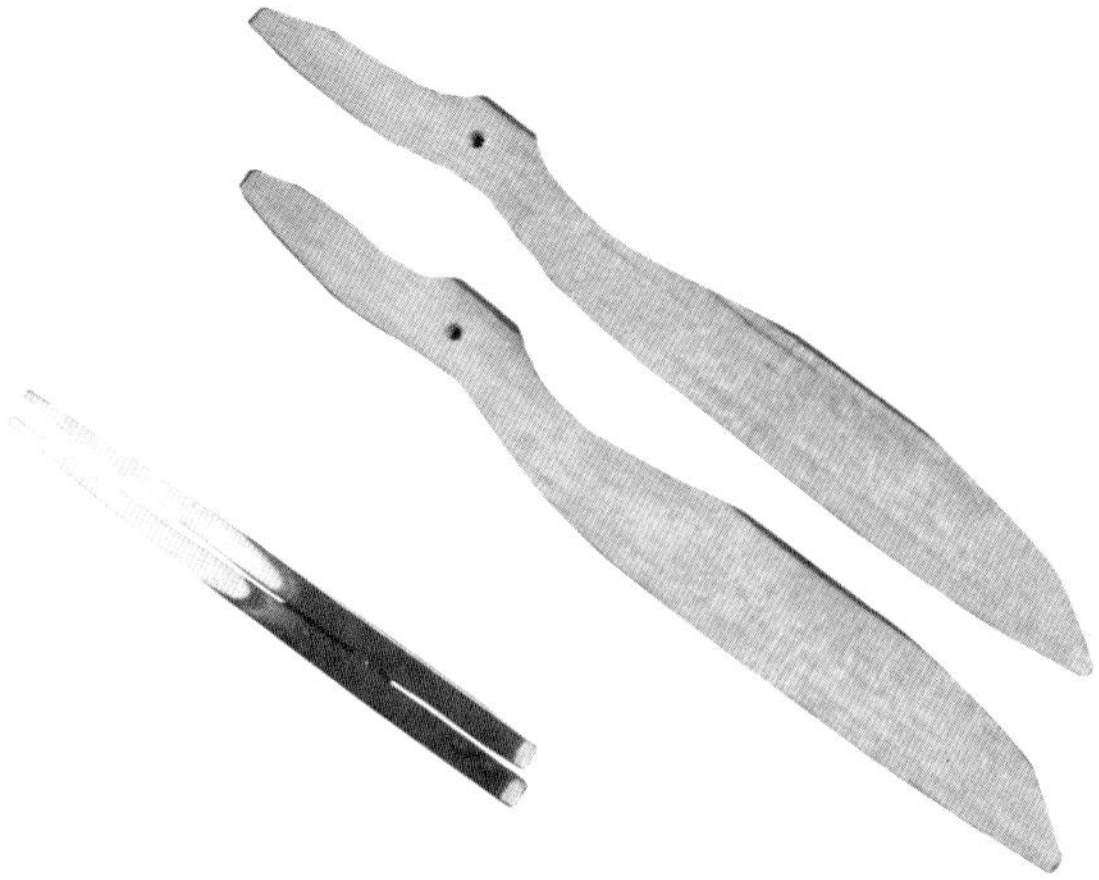

ような形の「末広」、舟をこぐ道具に似た「櫂《かい》」、飛翔する鶴を横から見たような「鶴」など、25種類ほどの楊枝があります。

「黒文字でこういった細工の楊枝を作っているのは、全国でもここだけ。考案したのは、私の曽祖父と祖父だったといわれています」

森さんの手元には、2人が作った100年前の雨城楊枝が入った、見本の額が残されています。

多くの職人が廃業していくなか、高度な技術で美しく珍しい製品を作り、生き残った森さんの祖先。茶席や料亭、結婚式の引き出物などに珍重されるようになり、現代まで続いたのだといいます。

品格の良さでファンは健在
香木の匂いも爽やかに漂い

取材中にも森さんは、小刀をスースーッと滑らせ、黒文字の枝から独特の形状をした雨城楊枝を次つぎと作っていきます。

「手だけに力を入れるのでなく、体で押すような気持ちで全身を使って削る。最後の仕上げのところは、細心の注意で小刀を動かしま

森 光慶

千葉県木更津市久津間317-3
📞 090-5407-6999

（100ページ左から）
●末広、竹、竹のし、松
末広、竹、松はそれぞれ4本入り
各1100円。竹のしは3本入り1100円
（102ページ左から）
●ザク、つる
（103ページ上から）
●櫂、白魚、梅
ザクは一般的な使い捨て用で、15本入り520円

すよ」

一番難しいという「のし」は、手元の先端がのし袋の水引のように結んであるもの。紙のように薄く削られた枝は、熟練の技のたまものです。

代々続く雨城楊枝作りの家に育った森さんですが、技を教えられたり修業をした経験はないとか。

「いつも仕事場で父親の手元を見ていて、自然と技が身についたんですよ」

黒い樹皮と白い樹肉のコントラストが鮮やかで、遊び心と品格ある形状の雨城楊枝。黒文字の芳香も爽やかで、料亭や和菓子店などからの注文は絶えません。お祝いや晴れの席など、改まった機会には手にしたい、和の趣を伝える小さな逸品です。

その他のラインナップ

天然素材だけで作られた
曲げわっぱの弁当箱

長野県　小坂屋漆器店

側板を曲げる小島貴幸さん。「必ず右が手前になるように合わせます。左手前は死装束と同じで、縁起が悪いのです」

若い人にもじわじわと人気が高まる曲げわっぱ（薄板を曲げて作る円筒形の木箱）の弁当箱。先祖代々続く小坂屋の当主で、伝統工芸士（国家資格）の小島貴幸さんが作る弁当箱は、材料すべてが天然ものです。レトロ感がありつつ、スタイリッシュなデザイン。深みのある明るいブラウン色と美しい木目が、温かみを感じさせます。古民家が建ち並び、江戸時代の街並みをいまに残す木曽路最大の宿場町、奈良井宿に構える工房を訪ねました。

木曽の天然ヒノキと天然サワラがご飯のうま味を保つ

小島さんは「絶えず、もっといいものを作りたいと思う」「使った人に喜ばれると、お金をもらうよりうれしい」という、根っからの職人気質。その弁当箱は詰めた熱々のご飯が数時間後もほんのり温かく、粒が立ち、うま味が保たれています。食材から出る水分を、木がほどよく吸収してくれるからです。

側板に使うのは木曽の天然ヒノキです。「木はヒノキ、花は桜木、人は武士」といわれるように、ヒノキは美しさや強度、しなり、抗菌性などに優れた「木の王様」。とくに木曽の寒冷地で育つ天然ヒノキは密度が高く、最高級品です。

ふた板と底板は吸水性があり、酸化防止力の強い木曽の天然サワラ。小島さんは「天然木は地域によっては伐採禁止になっていますが、木曽は江戸時代から山を管理し、守っている。だから、いまも天然ものが手に入るのです」と言います。

継ぎ目には自ら山でとる山桜の木皮を使い、ご飯粒と漆、ヒノキの木くずで作る接着剤「こくそ」で補強。生木のままでは木が食品の水分を吸い過ぎてすぐにかびてしまうので、全体に純度100%の漆を施します。安価なウレタン塗装の製品が多く出回りますが、小島さんは「家業を継いだとき、徹底的に化学塗料は使わないと決めました。うちのは食べても毒はない」と、胸を張ります。

漆を薄くすり込む技術で重ね塗りするため、木目が楽しめるうえに、漆とヒノキの抗菌作用で食材が傷みにくく、弁当箱にもカビは生えません。

小坂屋漆器店

長野県塩尻市奈良井709
📞 090-1869-8379

（104ページ）
●弁当箱 2段重ね 上段約210cc×下段約350cc／総量120ｇ／1万1660円〜
（106ページ左から）
●合わせ弁当　中 450cc／8700円〜
ほかに　大 550cc／9360円〜、小 350cc／8260円〜も。
●小判弁当　中 450cc／105ｇ／7700円〜
ほかに　大 550cc／120ｇ／8360円〜、小 350cc／95ｇ／7260円〜も。
（仕切りは移動可）

「壊れるようなものは作らない」堅実なものづくりに自信と誇り

奈良井宿の曲げものは４００年以上の歴史があります。木曽漆器も江戸時代に発展した伝統工芸品ですが、作り手はいまや小島さんと昭和一桁生まれの職人２人だけ。

小島さんは木材選びから材料の加工、仕上げまで1人で手作業し、相当な手間をかけています。が、「卸値は中国製品と同じぐらい。赤字ギリギリですが、強欲にもうけても仕方ないし、使ってもらいたい」と言います。

「弁当箱を踏んで壊した」「犬が噛んだ」「使ううちに漆が剥げてきた」などの修理依頼にも、丁寧に応えます。塗り直して30年以上使う人も。

電子レンジは使えません。ほかに使用上の留意点を尋ねると、笑って一言。「普通に使って壊れるものは作らない。落としても割れないから、いっさい気ぃ使わんでいいよ」。堅実なものづくりへの、自信と誇りに満ちていました。

ハンディキャップをもつ人も安心して使える

曲げわっぱのマグカップ

長野県

小坂屋漆器店

子どもや高齢者、ハンデキャップをもつ人にも使いやすく、環境にも優しい曲げわっぱのマグカップ。製作するのは木曽路最大の宿場町・奈良井宿に工房を構える小坂屋漆器店の当主・小島貴幸さんです。

ＳＤＧｓ（持続可能な開発目標）で「つくる責任　つかう責任」が掲げられ、少ない資源を有効活用し、かつ良質なものを作ることも求められるいま、注目したい逸品です。

軽量、丈夫、高温にならない木の特性を生かした優れもの

「毎日コーヒーを飲んでも色移りしない」（小島さん）というマグカップ。弁当箱と同様、木目が透ける深いブラウン色が、温かみを放っています。材料は弁当箱と同じ水気・湿気に強い木曽の天然ヒノキと天然サワラ。接合部には「こくそ」（ご飯粒と漆、ヒノキの木くずを混ぜたもの）を使用し、作り方も弁当箱と同じです。

まず驚くのはその軽量さ。カップの重さは高齢者やハンデキャップ

をもつ人には負担になりますが、小島さんのマグカップは非常に軽く、扱いやすい。ガラスやプラスチックは軽量化を求めて薄くすると割れますが、木は落としても割れません。
「なまず」といわれる職人技を施す丁寧な作り方にも、丈夫さの秘密があります。「木は湿気や温度で伸縮する性質があります。『なまずに削る』と言い、側面になる板の底に付けるほうを微妙に薄く削ることで力を逃し、ピタッと収めています」。
熱湯を注いでもカップが高温にならず、手のひらにじんわりと熱を感じる程度。子どもも安心して使えます。

選んだのは商業的成功より安全性を追求する地道な努力

小島さんは塗師屋《ぬしや》の道に入った18歳のとき、己の道として商業的成功より安全性を追求する地道な努力を選びました。背景には、合成洗剤や化学肥料などの猛毒性を告発した有吉佐和子の小説『複合汚染』の読者だった母親の影響もありました。

小坂屋漆器店

長野県塩尻市奈良井709
📞 090-1869-8379

（108・110ページ）
●曲げわっぱのマグカップ
300ml／34ｇ／4950円
食洗器・電子レンジは使えません。

「化学塗料に不可欠な乾燥剤には、ホルムアルデヒトなどの有害成分が入っています。乾燥材を必要としないのは植物の油と漆だけ」（小島さん）。そのため、仕上げは抗菌・殺菌効果が高い本漆を、伝統の職人技「直擦《じかす》り」で３、４回重ねて塗ります。

２０２０年、「障がい者が使うカップを作ってほしい」と注文を受けました。「天然のものや食にこだわる人に評価されると、もっとがんばろう、その気持ちに応えようと思う」という小島さんの、環境と健康に配慮した仕事への信頼が実を結んだのです。

多雨で寒冷な自然環境がはぐくむ木曽のヒノキは最高級品として、江戸時代から建築材に重宝されてきました。当時から曲げものなどの小物に使うのは、最後に残った端材。曲げものは、限りある資源を大切に使い切る日本人の知恵でもあるのです。

小島さんは現在、学校や県主催の講習会で実演するなど、技術の継承にも取り組みます。「薄板に削るさい指を切ったり、木片が腹部に刺さる事故も起きる危険な仕事です。でも、希望する人がいれば、食べていけるところまで教えたいですね。林業や漆かきも危ない仕事ですが、これで生計を立てる若い人が出てきた。希望を感じています」

おわりに

ときどき、「いいものはほしいけど、高い」と言われます。たしかに値札を見て、迷うこともあります。でも、取材をした職人さんたちは、「卸値は安く、ぎりぎり」と言います。ここには卸値と、流通の過程で携わる人や運賃、その他さまざまな経費などが上乗せされる販売価格の違いなどがあるのですが、それでも時間と手間をかけ、いまや貴重となった伝統の技を駆使して作られていること、安全性が追求されていること、修理もできて、長く使えること、それを手にしたときに感じられる幸福感などを考えると、価格の見え方が少し違ってくるのではないでしょうか。

「吟味して吟味して良いものを選び、時間をかけて一つずつそろえる人が増えた」。これも、取材のなかでたびたび聞いたことばです。私もその一人。そうして手に入れるからこそ思い入れが深くなり、生活の大切な一部になっていくのだと思います。

単行本化にあたり、改めて職人さん一人ひとりの手仕事がよみがえり、普段は話下手な私が一つひとつの作品のすごさを能弁に語れることに気がつきました。みなさまにとって、生活を彩る一品が見つかれば、こんなにうれしいことはありません。そして、失われつつある日本各地のものづくりの文化が、どうか続いていきますように。

本書を制作するにあたり、ご協力いただいた登場者のみなさまに、心からお礼を申しあげます。魅力的な紙面に仕上げてくださったデザイナーの吉良久美さん、つねに繊細な目配りで援助してくれた光陽メディアの新田祐美子さん、本書を手に取ってくださったみなさまに感謝を込めて。

2021年8月

阿部悦子（食べもの通信社編集部・記者）
矢吹紀人（ルポライター）

ヤマセ製陶所　すり鉢(50ページ)
◆ヤマセ製陶所(53ページ)
◆公式オンラインショップ
https://suribachiya.thebase.in/
◆絵柄入りすり鉢取扱店
・山幸陶器
愛知県常滑市金山上砂原108
・ギャラリーほたる子
http://www.hotaruko.net/
愛知県常滑市栄町6-140

田中製簾所　巻きす(54ページ)
◆工房・ショールーム(57ページ)
メール:info@handicrafts.co.jp
◎お客様のご注文に合わせて受注製作しております。ご相談・ご注文は、工房へお越しください。
メール、ファックス、お電話等、対応できない場合もございます。ご了承ください。

髙田耕造商店　棕櫚たわし(58ページ)
◆髙田耕造商店(61ページ)
◆公式ONLINE STORE
https://takada1948.shop-pro.jp/
◆釜浅商店
東京都台東区松が谷2-24−1
📞 03-3841-9355
http://www.kama-asa.co.jp/
◆Timeless Gallery＆Store
静岡市駿河区用宗1-27-5
📞 054-266-9981
https://store.timeless.asia/?pid=151452139/
◆ZUTTO ずっと使いたいモノ、置いてます。
https://www.zutto.co.jp/catalog/2458/
◆職人.com
https://www.shokunin.com/jp/kozo/tawashi.html/
◆copse online shop
http://copse-shop.net/?mode=grp&gid=1929452/
◆その他オンライン
楽天、ヨドバシなど

河原崎 貴　中華鍋＆フライパン(62ページ)
◆Gallery sen(65ページ)
◆SML(エスエムエル)
http://www.sm-l.jp
東京都目黒区青葉台1-15-1　AK-1ビル1階
📞 03-6809-0696　http://www.sm-l.jp
◆くらしのギャラリー本店
岡山市北区問屋町11-104
📞 086-250-0947
https://okayama-mingei.com/
◆HARMONICS.
https://www.harmonics-shop.com/
◆うつわ 暮らしの道具　テクラ
静岡市葵区大岩1-1-25
📞 054-246-2856
https://tekura.net/

長澤製作所　銅製の茶器(68ページ)
◆長澤製作所(71ページ)
◆ONLINE　MARK‘S
bhttps://www.online-marks.com/all-%E9%95%B7%E6%BE%A4%E8%A3%BD%E4%BD%9C%E6%89%80/brandcategory/all/0/401046/
◆三越伊勢丹
https://www.mistore.jp/shopping/product/900000000000000000720115.html/
◆antina gift studio
https://antina.jp/AOS/products/detail.php?product_id=3925/

岩鋳　南部鉄器の急須(72ページ)
◆岩鋳鉄器館(75ページ)
◆IWACHU　ONLINE　STORE
http://www.iwachu.info/

兵左衛門　箸(76ページ)
◆兵左衛門 広尾店(79ページ)
◆兵左衛門 渋谷スクランブルスクエア店
東京都渋谷区渋谷2丁目24-12
渋谷スクランブルスクエア東棟14階
📞 03-6712-5184
◆兵左衛門 浅草店
東京都台東区浅草1-36-7
📞 03-3843-1484
◆にほんぼう 東京駅グランスタ店
東京都千代田区丸の内1丁目9-1
JR東日本東京駅内
📞 03-5221-7768
◆兵左衛門 東急吉祥寺店
東京都武蔵野市吉祥寺本町2-3-1
東急吉祥寺店 6階
📞 0422-21-5519

次ページへ

SHOP LIST 1

本書掲載のショップ等の情報は2021年8月現在のものです。

長谷園　ヘルシー蒸し鍋(10ページ)
◆東京店(13ページ)
◆伊賀本店
三重県伊賀市丸柱569
📞 0595-44-1511
https://www.igamono.co.jp
◆長谷園公式通販
https://store.igamono.jp/?pid=85078024/
◆アメリカ・ロサンゼルス
店舗情報　TOIRO
1257 N La Brea Ave
West Hollywood,CA 90038
(1257 N ラ ブレア アベニュー, ウェスト ハリウッド, CA 90038)
📞 323-380-5052
メール:info@toirokitchen.com
◆大丸松坂屋
https://www.daimaru-matsuzakaya.jp/ITEM/91230117/
◆三越伊勢丹
https://www.mistore.jp/shopping/brand/list?brand=005137/
◆いいもの探訪
https://e-mono.jr-central.co.jp/shop/g/gME100030006/
◆threetone　うつわと生活雑貨
https://three-tone.com/?mode=cate&cbid=2009610&csid=0/
◆その他オンライン
Amazon、楽天、Yahoo、ヨドバシなど

土鍋工房　六鍋　ご飯用土鍋(14ページ)
◆土鍋工房　六鍋(17ページ)
◆六鍋 ONLINE SHOP
https://shop.rokunabe.com/

麻彦商店　和せいろ(18ページ)
◆麻彦商店(21ページ)
◎ネット販売は致しておりません。遠方のお客様には商品の発送も致しておりますので、ご遠慮なくお申し付けください。

藤原照康刃物工芸　包丁(22ページ)
◆直売店(27ページ)
◆総手造り包丁オンラインショップ
https://www.teruyasu.jp/products/
◆イベント(販売会)情報
https://www.teruyasu.jp/event/

榧工房　かやの森　まな板(28ページ)
◆榧工房　かやの森(31ページ)
メール:info@kayanomori.com
◆榧工房　かやの森　日曜市店
高知市追手筋2丁目7-13
営業時間:毎週日曜日午前7時半～午後3時
◆公式通販
https://www.kayanomori.com/SHOP/29917/list.html/

中村銅器製作所　玉子焼鍋(32ページ)
◆中村銅器製作所(35ページ)

大久保公太郎　木べら(36ページ)
◆Gallery sen(41ページ)
◆SML(エスエムエル)
東京都目黒区青葉台1-15-1　AK-1ビル1階
📞 03-6809-0696　http://www.sm-l.jp
メール:e-shop@sm-l.jp
◆日本の手仕事・暮らしの道具店cotogoto オンライン
https://www.cotogoto.jp/view/category/okubohouse/
[実店舗]東京都杉並区高円寺南4-27-17-2F
📞&📠 03-3318-0313
メール:info@cotogoto.jp
◆職人.com
https://www.shokunin.com/jp/okubo/hera.html/
◆花田HANADA
https://www.utsuwa-hanada.jp/SHOP/131202/176863/list.html/
◆くらしのギャラリー本店
https://mingei.handcrafted.jp/items/28435989
◆その他オンライン　楽天

富士河口湖町勝山スズ竹伝統工芸センター スズ竹ザル(42ページ)
◆同・勝山ふれあいセンター内(45ページ)

江戸幸　銅製おろし金(46ページ)
◆江戸幸(49ページ)
◆POST DETAIL
https://www.postdetail.com/142.html/
◆その他オンライン
楽天、Yahooなど

SHOP LIST 2

本書掲載のショップ等の情報は2021年8月現在のものです。

◆兵左衛門 グランフロント 大阪店
大阪市北区大深町4-20
グランフロント大阪　南館5階
☎ 06-6371-1007
◆にほんぼう イオンモール 岡山店
岡山市北区下石井1丁目2-1-4044
イオンモール岡山4階
☎ 086-206-7100
◆公式　オンラインショップ
https://hyozaemon.shop-pro.jp/
◆その他オンライン
Amazon、楽天、Yahooなど

大誠窯　益子焼の器(80ページ)
◆直売店(83ページ)
◆日々の暮らし店舗　工芸喜頓(こうげいきいとん)
東京都世田谷区世田谷1-48-10 1F
☎ 03-6805-3737／FAX 03-6701-7060
http://www.kogei-keaton.com
◆日々の暮らし　オンラインショップ
https://www.hibinokurashi.com/jp/category/54/

小島 尚　木の器(84ページ)
◆小島 尚(87ページ)
◆けぇどの会所
東京都多摩市関戸5丁目17-16
http://www.kdonokaisho.com/
◆福井県立美術館　MUSEUM SHOP
https://fukuifineartsmuseum.stores.jp/

角漆工　江戸漆器(88ページ)
◆角漆工(91ページ)
◆公式オンラインショップ
http://www.kakushikki.com/
◆角光男　作品展示館
http://www.meikoukai.com/contents/tenjikan/30/30_1/index.html
◆新宿高島屋、高島屋(柏、日本橋、横浜)、西武池袋本店、伊勢丹浦和店には期間限定で出店しています。詳しくは各店舗にお問い合わせください。

川辺硝子加工所　江戸切子(92ページ)
◆川辺硝子加工所(95ページ)

岩澤硝子　しょうゆ差し(96ページ)
◆産業観光プラザ　すみだ　まち処
東京都墨田区押上1-1-2　東京スカイツリータウン・ソラマチ5F
☎ 03-6796-6341
http://www.machidokoro.com/
◆日本のいいもの.jp
https://nihonnoiimono.jp/shopdetail/000000000035/
◆その他オンライン
Amazon、楽天、Yahooなど

森 光慶　雨城楊枝(100ページ)
◆森 光慶(103ページ)
◆ちばの恵
https://www.chibanomegumi.com/?pid=70593892/

小坂屋漆器店
曲げわっぱの弁当箱(104ページ)
◆小坂屋漆器店(107ページ)
◆職人と作家の工芸店
https://kougeishop.com/kosakaya0001/
◆日本の手仕事・暮らしの道具店cotogoto
https://www.cotogoto.jp/
◆おくりもの専門店 石森良三商店(長野県上田市)
☎ 0268-22-6237
https://www.shinanonet.jp/
◆その他オンライン
Amazon、楽天、Yahooなど

小坂屋漆器店
曲げわっぱのマグカップ(108ページ)
◆小坂屋漆器店(111ページ)
◆職人と作家の工芸店
https://kougeishop.com/kosakaya0008/
◆ながの東急百貨店ネットショッピング
https://shop.nagano-tokyu.co.jp/ec/products/detail/3060/
◆おくりもの専門店 石森良三商店(長野県上田市)
☎ 0268-22-6237
https://www.shinanonet.jp/

本書は月刊『食べもの通信』２０１５年11月号〜２０２１年5月号の掲載原稿（現在も連載中）に加筆・修正を加えたものです。

文／部分撮影　阿部悦子
矢吹紀人
装幀・デザイン　吉良久美
カバー／部分撮影　中村 太
協　力　竹中龍太、與那覇ひとみ、下村理沙

伝統の技キラリ！
暮らしを彩る和食器具
Japanese Kitchenware & Tableware

2021 年 9 月 1 日　第 1 刷発行

編者・発行　株式会社 食べもの通信社
発行者　千賀ひろみ
〒 101-0051 東京都千代田区神田神保町 1 -46
電話 03-3518-0621　FAX 03-3518-0622
振替 00190-9-88386
ホームページ http://www.tabemonotuushin.co.jp/
発売　合同出版株式会社
印刷・製本　株式会社 光陽メディア

■刊行図書リストを無料進呈いたします。
■落丁・乱丁の際はお取り換えいたします。

ISBN 978-4-7726-7712-7　NDC 597　210 × 148